100 EXPERIÊNCIAS GASTRONÔMICAS
PARA SE TER ANTES DE MORRER

Stephen Downes

100 EXPERIÊNCIAS GASTRONÔMICAS PARA SE TER ANTES DE MORRER

Tradução
Ana Carolina Mesquita, Gustavo Mesquita
e Paulo Ricardo Alves

PRUMO
na mesa

Título original: To die for: *100 food experiences to have before you die*
Copyright de texto: © 2008 by Stephen Downes
Originalmente publicada pela Murdoch Books.

Imagem de capa: ©StockFood/LatinStock

Todos os direitos reservados. Nenhuma parte desta obra pode ser reproduzida ou transmitida por qualquer forma ou meio eletrônico ou mecânico, inclusive fotocópia, gravação ou sistema de armazenagem e recuperação de informação, sem a permissão escrita do editor.

Direção editorial
Soraia Luana Reis

Editora
Luciana Paixão

Editora assistente
Valéria Sanalios

Assistência editorial
Elisa Martins

Preparação de texto
Suiang Guerreiro de Oliveira

Revisão
Hebe Ester Lucas
Mariana Echalar

Criação e produção gráfica
Thiago Sousa

Assistente de criação
Marcos Gubiotti

CIP-Brasil. Catalogação-na-fonte
Sindicato Nacional dos Editores de Livros, RJ

D779c	Downes, Stephen (Stephen L.)
	100 experiências gastronômicas para se ter antes de morrer / Stephen Downes; tradução Ana Carolina Mesquita, Gustavo Mesquita e Paulo Ricardo Alves. – São Paulo: Prumo, 2008.
	Tradução de: 100 food experiences to have before you die ISBN 978-85-61618-52-0
	1. Gastronomia. 2. Culinária. I. Título.
08-4283.	CDD: 641.013 CDU: 641.55

Direitos de edição para o Brasil:
Editora Prumo Ltda.
Rua Júlio Diniz, 56 - 5º andar – São Paulo/SP – Cep: 04547-090
Tel: (11) 3729-0244 - Fax: (11) 3045-4100
E-mail: contato@editoraprumo.com.br / www.editoraprumo.com.br

SUMÁRIO

Introdução 11

COMER FORA

001   *four dances of the sea* 16

002   peixe vermelho-caranho assado em cascas de coco 18

003   dobradinha do Janni 20

004   salmão com azedinha 21

005   *murray cod* no Stefano's 23

006   fava com alcachofra 25

007   ovos milenares 26

008   café-da-manhã no hotel Saigon Morin 28

009   guisado de morcego 30

010   *steak tartare* 31

011   siri-mole frito 33

012   linguiça *andouillette* no Chartier 35

013   *cassoulet* de Castelnaudary 36

014   arenque em óleo no Grand Colbert 38

015   *foie gras* em Bordeaux 40

016   bacalhau no Casa Labra 43

017   purê de batatas de Joel Robuchon 45

018   pombo no Pettavel 47

019   ovos nevados do Tim 49

020 frango assado no Zuni Café 50

021 *vincisgrassi* – uma simples lasanha 52

022 ovo poché com polenta trufada 54

023 *gâteau* de fígado de frango de Philippe Mouchel 55

024 lasanha aberta de alcachofra e gorgonzola 57

025 *fricassée* de porco 59

026 sanduíche de peixe de um barco pesqueiro
ancorado no estreito de Bósforo 61

027 coalhada com estômago de peixe 63

028 lombo de porco assado em conserva do Roi 64

029 *parrillada* em Buenos Aires 66

030 museo del jamón 67

031 massa à marinara no La Luna 68

032 *pho* 70

033 vitela à moda mongol no Babka 73

034 pepino-do-mar e lábios de tubarão salteados em óleo de cenoura 75

035 pato laqueado à Pequim 77

036 panqueca de ostra no Way Kee 79

037 salada de macarrão de coco com barriga de porco ao chili no Fenix 80

038 *cha ca* no La Vong 81

COMER EM CASA

039 lagosta à moda caseira 86

040 escalopes de cordeiro assados em uma churrasqueira de verdade 88

041 batatas fritas perfeitas 91

042 aspargos com vinagrete 94

043 minha geléia de ameixa 96

044 um vinagrete de verdade 98

045 uma maionese de verdade 100

046 um molho holandês de verdade 102

047 mexilhões ao vapor 104

048 um molho madeira excelente 106

049 um *beurre blanc* de verdade 108

050 vitela assada sobre legumes aromáticos 111

051 salmonete 112

052 salada fresca da horta 114

053 abacate frito 116

054 robalo ao vapor, de preferência pescado por você 118

055 massa fresca caseira 119

056 quiabo preparado na panela wok 122

057 *mâche* 123

058 sardinhas frescas 125

059 *coral trout* versus *red emperor* 126

060 lula fresca preparada na panela wok 127

061 abalone de várias maneiras 129

062 berinjela frita 132

063 ovos benedict 133

VALE O ESFORÇO

064 mil-folhas da Judy, de Sorrento 136

065 galetos pochés recheados 138

066 salada quente de bacon e rúcula "selvagem" 139

067 terrina de coelho da avó de Jacques Maximin............ 142

068 pudim de sebo com carne e rim........................... 144

069 fígado de cordeiro com molho reduzido de
vinagre balsâmico e manjericão 145

070 couve-de-bruxelas com noz-moscada e creme de leite 147

071 pernil de cordeiro assado com feijão cozido............. 149

072 *vichyssoise* com frutos do mar........................... 152

073 codornas cozidas com gim................................. 153

074 *brochettes* de melro e tordo à Pierre-Yves.............. 156

075 ervilhas verdes frescas..................................... 157

076 *blanquette* de vitela...................................... 159

077 *coq au vin*.. 161

078 ovos cozidos... 164

079 o cuscuz de verdade de uma velha argelina.............. 165

080 lagostim assado.. 167

081 *gratin dauphinois*....................................... 169

082 o *crème caramel* de Dominique......................... 170

083 a *pavlova* de Brent...................................... 173

084 a canja de galinha da sra. Weiniger...................... 177

085   massa folhada do Peter 178

086   pudim de Natal da Karen 181

087   linguiça fresca de carne de porco 183

DEZ PERFEIÇÕES

088   sal rosado do rio Murray 188

089   um tomate cultivado em casa 189

090   ostras do Pacífico recém-abertas 191

091   chocolate de verdade 193

092   biscoitos japoneses de arroz numa estação de *shinkansen* 194

093   sashimi feito minutos após a pesca de seus ingredientes 196

094   caviar 198

095   lichia fresca 200

096   queijos de leite cru 202

097   uma manga madura – a quarta metade 205

098   *charcuterie* 207

099   a dama de cor-de-rosa 209

100   fugu cru 211

Agradecimentos 213

Bibliografia 215

INTRODUÇÃO

Este livro contém o que acredito serem as experiências gastronômicas essenciais existentes ao redor do mundo – as melhores. E, enquanto você ainda pode, deveria tentar vivenciar as minhas sugestões. Obviamente, as pessoas menos favorecidas, que não têm nem a oportunidade nem o dinheiro para comer por prazer, terão de deixar de lado várias das experiências top 100 da lista (embora muitas das que listei sejam apreciadas diariamente por gente de pouquíssimos recursos). Porém, nós, mais favorecidos (até mesmo aqueles que são indivíduos de classe média), não temos desculpa, no meu entender, para nos recusar a apreciar o maior leque possível de bons pratos preparados com ingredientes frescos.

Porque a maioria das melhores experiências gastronômicas é isso. Comida simples feita a partir de ótimas preparações básicas. É do que este livro trata, pelo menos. Embora seja necessário ir a restaurantes para experimentar diversos dos pratos que cito, a maior parte deles pode ser preparada em casa. Eu os dividi em quatro categorias: "Comer fora", "Comer em casa", "Vale o esforço" e "Dez perfeições". Eles variam entre desfrutar de uma das obras mais barrocas da arquitetura culinária, os ovos nevados de Tim Pak Poy, até se deliciar com uma manga madura. Muitas delícias vegetarianas também foram incluídas.

Até eu escolher as top 100, meu inconsciente sem dúvida considerou milhares de experiências gastronômicas a se vivenciar antes de morrer. As que estão neste livro são, claro, uma escolha minha – a lista é completamente subjetiva e você não precisa se revoltar com o fato de ela excluir inúmeros atos de mastigação magnificente. Mas minha lista buscou resumir intencionalmente os pontos altos da minha vida gustativa nos principais continentes do mundo. Ela foi feita a partir de quase três décadas de paladar profissional.

Mas este *100 experiências gastronômicas para se ter antes de morrer* não é fácil de descrever. Não se trata de uma coleção de receitas. Você verá poucas quantidades precisas de ingredientes neste livro. Estou mais interessado em como os cozinheiros desenvolvem suas receitas – ou seja, no que eles buscaram fazer com os quatro sabores básicos (salgado, azedo, doce e amargo) e nas texturas que empregaram. Não se pode começar a cozinhar sem entender esses fatos básicos, na minha opinião. Acredito que se pode aprender muito sobre como preparar pratos fantásticos em um livro como este, no qual o que conta é o que você tenta alcançar e a forma como o fará. Você precisa saber o que está tentando obter ao cozinhar – os gostos, texturas e equilíbrios que busca criar. Deve ser capaz de dizer quando uma comida é excelente ou, por outro lado, quando ela não vale os ingredientes que leva. Pouca gente consegue fazer isso.

Entretanto, este livro não é simplesmente uma lista escrita para eu me vangloriar dos pratos caros dos melhores restaurantes do mundo que já tive a oportunidade de provar. Ele possui um cunho didático. De forma simplista, contém a maior parte dos meus conhecimentos sobre princípios de culinária e gastronomia. Eu o vejo como uma introdução ao paladar, tanto no sentido fisiológico quanto no filosófico. Espero que ele mostre aos leitores como se deve comer.

Nunca me dou conta do tempo que passo cozinhando porque é um prazer imenso. Uma tarde inteira pode se passar sem que eu, imerso na minha concentração, perceba as horas que se vão. Por quê? Porque estou observando as mutações milagrosas das substâncias, a fim de produzir algo extraordinariamente apetitoso – perfeito. Adoro cozinhar por esse motivo; é a única coisa que consigo, às vezes, executar com perfeição. Dizemos para nós mesmos: o prato à minha frente, que criei a partir do nada, é impossível de ser melhorado. E com que freqüência é verdade! Que recompensa! Quando isso acontece, fico trêmulo de empolgação. Perco literalmente o fôlego. E se eu tivesse escolhido não passar duas horas produzindo esse manjar incomparável? Bem, teria preparado uma refeição medíocre e depois assistido a programas execráveis de televisão, lido um romance descartável de baixa qualidade ou escutado música de elevador. Os fabricantes de alimentos constantemente querem nos fazer acreditar que o tempo que eles nos ajudam a economizar é valioso. A maioria de nós, porém não valoriza nem um pouco o tempo. Desperdiçamos o tempo. Que recompensas magníficas teríamos se o usássemos para cozinhar! (O que, além de tudo, é ótimo para a saúde.)

Contudo, tenho consciência de que este livro foi escrito em parte como um protesto à vitória compreensível da comida ruim sobre a comida boa, ao aniquilamento do ato de cozinhar em muitos lares devido à preferência pela comida industrializada, que traz lucros gigantescos às grandes corporações. A comida desenvolvida com sabores e cores artificiais é uma abominação e nunca devemos nos cansar de afirmar isso. Além de sua inferioridade em termos de qualidade, está nos matando – matando nossa alma, nossa imaginação e nossas diferenças. (E provavelmente também o nosso corpo.) Portanto, *100 experiências gastronômicas para se ter antes de morrer* almeja incentivar o seu retorno à cozinha. Oferece um caminho claro para alcançar esse objetivo e maneiras de determinar se você está na rota certa.

Agora vamos à lista. Risque as experiências à medida que experimentá-las. Espero, entretanto, que este livro o instigue a cozinhar mais em casa, a apreciar um pouco mais a boa mesa e a aprender a se deliciar com uma maçã fresca, em vez de abrir logo um pacote de batatas chips.

COMER FORA

001 *Four Dances of the Sea*

Quando Cheong Liew fechou seu afamado restaurante Neddy's, depois de quase 13 anos, compôs um menu de despedida, subtitulando-o "O baile terminou" (entre os itens havia uma salada de cauda de crocodilo e berinjela). O ano era 1998 e poucas pessoas realmente esperavam ver Cheong comandando uma cozinha de novo. Jamais. Afinal, ele se juntara à Regency Hotel School para dar aulas, um negócio bem menos frenético. Ansiava por estabilidade financeira – o quarto filho com sua esposa Mary havia chegado – e ele próprio admitia que estava "caindo na rotina" no Neddy's.

Mas Cheong Liew é um dos papas incontestáveis da culinária australiana, e talvez simplesmente não seja possível manter afastado um grande chef. Afinal, ele havia ensinado a capital sul-australiana a comer, e pratos como cartilagem exótica ao molho de cenoura e chili eram costumeiros no Neddy's no final da década de 1970. Nada mal para um homem que aprendeu sozinho a cozinhar, lendo livros de receitas.

Cheong tivera uma vida interessante. Nascido em Kuala Lumpur em 1949, era filho de um avicultor. Ele se lembra de recolher as minúsculas penas dos ninhos de andorinhas para serem encharcadas na elaboração da famosa sopa malaia. Depois das revoltas contra os chineses, em 1969, sua família fugiu da Malásia, uma diáspora chinesa que o levou primeiro a Melbourne e, depois, ao encontro de seu irmão em Adelaide. Incapaz de se sair bem como estudante de engenharia eletrônica, ele começou a cozinhar pratos rápidos – arroz frito e lanches de bar. Cozinhou em um restaurante grego e outro de carnes. E o tempo todo lia sobre as artes culinárias das melhores fontes. Logo, cozinhar já era sua paixão.

O lendário chef francês Paul Bocuse, entre muitos outros, disse que cozinhar diz respeito ao que está na geladeira. Em Adelaide, nos anos 1970, cozinhar, segundo Cheong, dizia respeito ao que era possível comprar fresco no mercado. Inevitavelmente, concessões de ingredientes tinham de ser feitas e ele se viu mesclando técnicas européias com ingredientes "asiáticos". E foi um pulo daí para o Neddy's e para um certo apreço por uma inovadora e estranha culinária *fusion*, a qual ele preparava, vale lembrar, muito antes de qualquer um na Califórnia ou na Europa sequer haver pensado em se arriscar na cozinha "Oriente-Ocidente" (a idéia de *fusion* tornou-se uma ferramenta de marketing mais tarde).

Então as portas do Neddy's se fecharam e Cheong assumiu o quadro do Regency. No início dos anos 1990, se você fosse a Adelaide, ouviria dizer que ele estava fazendo um bico temporário na brasserie de um pub obscuro. Se fosse em busca do lugar, descobriria que a pequena "temporada" já terminara. Havia, por toda a cidade, uma sensação palpável de que Adelaide queria Cheong Liew de volta. Os gastrônomos da cidade (Adelaide é a cidade australiana que mais tem deles) sentiam sua falta.

Finalmente, os executivos do Hilton em Adelaide tiveram a perspicácia e a persistência de instigá-lo a retornar à cozinha comercial. Com Cheong no comando, o Hilton desejava reinaugurar seu restaurante exclusivo, The Grange, sob o slogan "Que o baile comece". Assim, durante seis horas e ainda mais cigarros (ele costumava enrolar os seus próprios, mas agora parou de fumar), em uma noite em meados da década de 1990, Cheong elaborou o prato que seria a marca registrada de seu renascimento – e o do restaurante. A meu ver, deveria ser declarado prato nacional da Austrália. Ele possui os elementos característicos do estilo de cozinhar típico australiano; é utilizada uma variedade de ingredientes e técnicas apropriadas, sem restrição quanto às origens. Cheong batizou o prato de *Four Dances of the Sea* (As quatro danças do mar).

Consiste em quatro pequenas ilhas de frutos do mar em um prato branco desguarnecido. Inclui minúsculos filetes de robalo salgado em fatias de abacate com creme de wasabi, lascas de choco cru com macarrão com tinta de lula, fatias de tentáculos de polvo cozidos no vapor com maionese de alho e sushi de pitu apimentado com arroz glutinoso. São arranjados de acordo com os pontos cardeais e devem ser comidos na ordem em que os listei, ou seja, com os sabores crescentes até o mais forte. Cada porção tem seu significado. O robalo, por exemplo, foi dedicado a um amigo japonês que viera ao Regency ensinar aos alunos como conservar peixes. O polvo está ali lembrando o The Iliad, o restaurante grego onde Cheong descobriu o prazer de cozinhar. E o pitu é uma saudação à sua infância na Malásia.

Revoltas irromperiam se o The Grange tirasse o "Four dances" do menu. É preparado com cerca de 50 ingredientes diferentes e todos os australianos deveriam prová-lo ao menos uma vez – especialmente os políticos, que têm de ser continuamente lembrados que dois dos melhores chefs da Austrália foram refugiados. E que o prato nacional australiano não é *pie 'n' sauce* (torta de carne) nem bife com fritas.

002 peixe vermelho-caranho assado em cascas de coco

A baía de Jimbaran, em Bali, é um arco largo de belas praias arenosas voltado para o oeste. Suas águas são relativamente calmas na maior parte do tempo e ao pôr-do-sol se tornam vítreas, produzindo aquele brilho espelhado de cobre, tal qual se pode ver e sentir nos romances de Joseph Conrad. Ninguém diria, mas, oculto em meio à faixa de vegetação tropical na orla da praia, há um par de hotéis de luxo. Além disso, ao longo dos últimos 12 anos, mais ou menos, surgiram incontáveis cafés a céu aberto por toda a praia.

É possível chegar até eles a pé, andando pela praia, ou de táxi, por uma estreita via de serviço que corre por trás dela. Dois conjuntos notáveis de cafés estão na extremidade norte, próximos à vila de pescadores que fornece os produtos do mar. Um terceiro grupo se encontra na extremidade sul. Experimentei vários deles ao longo dos anos e posso recomendar o Jimbaran Beach Café. Todos eles têm estilo similar. Frutos do mar ficam à mostra sobre gelo picado em grandes caixas de isopor próximas à via de serviço. Escolhe-se o que se quer comer e paga-se por peso. As opções variam de acordo com a estação e com o clima, é claro, mas geralmente há peixes (pargo e vermelho-caranho), lula, camarão (não cultivado) e grandes mariscos.

As mesas ficam na areia. A maioria das pessoas prefere sentar-se de frente para o mar e assistir ao sol se pôr – chegando cedo o bastante, dá para conseguir um lugar na primeira fila. As cadeiras são de plástico, assim como a toalha de mesa floral. Enquanto isso, em cabanas abertas, do outro lado da via, os frutos do mar são assados na churrasqueira. E que churrasqueira! São tonéis de 200 litros cortados pela metade contendo cascas de coco em brasa e cobertos por uma grelha. É permitido observar conforme cada molho especial do café – geralmente uma mistura de alho, chili e suco de tamarindo – é generosamente espalhado nos frutos do mar enquanto assam.

O resultado, claro, é sublime. E há acompanhamentos inclusos nos preços dos frutos do mar. No Jimbaran Beach Café, estes incluem batatas cozidas, palmito frito com chili e shoyu, salada de tomate, pepino e cebola, arroz no vapor e molhos variados, entre eles sumo de alho e shoyu adocicado, chili com capim-limão e chili com alho. O sol se põe; um pescador com água até a cintura arremessa sua rede, que pende no ar por uma eternidade, até se estatelar na água vítrea, e as luzes de Java começam a cintilar no horizonte.

Os pargos são imbatíveis, os mariscos vêm nas conchas com uma maravilhosa pasta doce de soja e itens como as lulas e os pitus são tão frescos que lutam antes de serem engolidos. Em 2002, uma refeição para duas pessoas, com duas garrafas grandes de cerveja, custava cerca de 26 dólares. Bem servida.

003 dobradinha do Janni

Janni Kyritsis foi da Grécia para a Austrália como eletricista e tornou-se um dos melhores cozinheiros do país. Destaque para a dobradinha preparada por ele no Berowra Waters Inn e, posteriormente, no Bennelong e no MG Garage, que é sublime. Eu a comi sempre que tive chance. Na verdade, peço dobradinha sempre que a vejo em um menu. Você deveria fazer o mesmo.

Esqueça a nojenta (veja bem, eu concordo plenamente) dobradinha anglo-celta, ao molho branco com salsinha picada, que minha mãe costumava fazer – e cujo maior problema é que nada disfarçava as vísceras, não só na boca, como também aos olhos. Os bichinhos da parede do estômago simplesmente amuavam num miasma de farinha, leite e manteiga de cor equivalente.

A dobradinha de Janni, na verdade a dobradinha da maioria dos restaurantes hoje em dia, tem um sabor rico e levemente adocicado da mistura de legumes. Os melhores restaurantes para encontrá-las são, geralmente, de inspiração italiana.

O interessante da dobradinha de Janni são seu nome e origem: "dobradinha *lyonnaise*". Janni me disse certa vez que, se eu procurasse nos livros de referência de costume, dificilmente encontraria um prato de dobradinha com o nome da grande capital gastronômica da França, Lyon. Ele e Tony Bilson elaboraram o prato para o Berowra Waters Inn, disse. Desde os primeiros dias do Inn, em meados da década de 1970, Tony já o incluía no menu. Janni, que foi chef do lugar na década seguinte, depois que Tony pôs fim a sua parceria com Gay Morris, tornou o prato um clássico. Portanto, admite que foi um esforço em conjunto.

Agora, para entender essa frase é preciso saber que um dos temas principais em toda a carreira gastronômica de Tony Bilson é o que ele chama de culinária *à la minute*. De preparo rápido, como se poderia dizer em português. O preparo de sua dobradinha *lyonnaise* consistia em fritar o bucho e cebolas e depois acrescentar molho de tomate e *demi-glace* (ver "Um molho madeira excelente"). Um toque de vinagre e uma pitada de salsinha fechavam o prato. Muito sistemático na cozinha, Janni não conseguia trabalhar assim. Seria "muito arriscado", segundo me contou. Então, em vez disso, aperfeiçoou um guisado meio longo com dobradinha e legumes aromáticos. O resultado foi de dar água na boca, um saboroso ragu verde e glutinoso com acentuado sabor de tomate.

Depois de toda a argumentação de Janni sobre a ausência da dobradinha *lyonnaise* nos livros de receitas, tive de conferir por mim mesmo. Escoffier, Larousse e Margaret Fulton continham a dobradinha *lyonnaise*, e dois deles a chamavam "dobradinha com cebola". Concordavam quanto a ser uma dobradinha frita acrescida de cebola picada frita separadamente. Vinagre (ou suco de limão, no caso de Margaret) aquecido deveria ser acrescentado pouco antes de servir, além da salsinha salpicada. Então Tony Bilson estava certo. Dê uma chance à dobradinha em casa também. Pergunte ao açougueiro se a tripa que ele oferece está no ponto para ser cozida e deixe-a em fervura lenta por pelo menos 90 minutos.

004 salmão com azedinha

Sinceramente, me surpreende que este prato tão emblemático da *nouvelle cuisine* tenha sido tão pouco copiado. Para prová-lo em seu território nativo, é necessária toda uma jornada até Roanne, uma cidadezinha modesta próxima ao grande rio Ródano, no sul da França. Mais especificamente até o estimado restaurante Troisgros, onde o prato foi criado. Por sorte, porém, o salmão com azedinha do Troisgros é tão famoso que está sempre no cardápio. Eu o vi sendo preparado e o que mais impressiona é a simplicidade. A meu ver, seu enorme sucesso como obra de arte culinária se deve ao fato de a textura adocicada do salmão atenuar a acidez elevada e a extensão de sabor extremamente limitada das folhas de azedinha, que são "derretidas" como um molho.

As folhas de azedinha têm formato de lança. A azedinha selvagem, planta pequena e rasteira, dá em jardins suburbanos, pelo menos no sul da Austrália, e é comestível. De fato, certa vez provei uma maravilhosa sopa caseira que a combinava com mexilhão. As azedinhas cultivadas possuem folhas bem maiores. Ambos os tipos, porém, contêm ácido oxálico, que também se encontra no ruibarbo e em suas folhas, e provoca uma acidez aguda, mas não de todo desagradável.

Provei o salmão com azedinha dos irmãos Troisgros pela primeira vez há 30 anos. Fiquei fascinado na época e hoje o prato iria impressionar-me do mesmo modo. Era o prato com salmão definitivo, para acabar com todos os outros. Pierre Troisgros certa vez me disse – comicamente em meio a uma conversa sobre futebol australiano, como se não bastasse – que desejaria ter um dólar para cada prato de salmão com azedinha que vendeu. (É claro que ele estaria diminuindo seu lucro; os irmãos Troisgros ganharam muito, muito mais do que um dólar por prato com a dupla salmão–azedinha, suspeito eu, até mesmo nos primórdios da sua existência.)

Pierre e Jean Troisgros cresceram no Hôtel des Platanes, em Roanne, de propriedade de seus pais. Foram treinados como chefs no Lucas-Carton, em Paris, e depois pelo grande "fazedor de mestres" Fernand Point no estimado La Pyramide, em Viena. Voltando para casa, no Platanes, na década de 1960, rebatizaram o restaurante de Les Frères Troisgros e levaram o prêmio mais alto do *Michelin*, com três *macarons* (para nós, estrelas) em 1968 (Jean morreu em 1983 e, hoje, o restaurante é chamado apenas Troisgros).

Pierre me contou que ele e seu irmão começaram a preparar o salmão com azedinha em meados dos anos 1960, antes mesmo dos primeiros murmúrios de descontentamento que levaram ao estouro da *nouvelle cuisine* pelos maiores chefs franceses e seu lançamento quase oficial na edição de outubro de 1973 do *Nouveau Guide Gault-Millau*. É uma combinação um tanto rústica, mas que vale a tentativa de preparar em casa.

Os filés de salmão limpos e descamados são gentilmente aplainados entre folhas de papel-manteiga. Numa panela, reduzem-se caldo de peixe, vinho branco, vermute branco e cebola cuidadosamente picada a um xarope reluzente. Acrescenta-se creme de leite e o molho é novamente fervido e espessado. As folhas de azedinha lavadas, secas e sem talo vêm em seguida e, menos de meio minuto depois, tira-se o molho do fogo para finalizá-lo com manteiga, algumas gotas de suco de limão e tempero. Os filés de salmão são fritos "secos" em frigideira antiaderente por 25 segundos de um lado e 15 do outro (veja bem, não há cronômetros na cozinha dos Troisgros; é tudo questão de habilidade e se você a tem ou não).

O molho vai primeiro no prato, depois o peixe, com a pele para baixo. O resultado é primoroso, um exemplo perfeito da mescla de sabores básicos – salgado, amargo, doce (do peixe e do vermute) e azedo (da azedinha).

005 *murray cod* no Stefano's

Menciono aqui um restaurante – o Stefano's, no Quality Hotel, em Mildura – onde comi *murray cod*[1], mas, na verdade, isso já não pode ser feito. Certamente o chef Stefano de Pieri pode obter versões cultivadas desse peixe icônico e fabuloso, porém, nos velhos tempos, antes da recente proibição por lei, ele podia comprar grandes peixes direto dos pescadores. E então, juntamente com sua equipe de cozinha, os prepararia de modo prodigioso.

---

1 - O *murray cod* (*Maccullochella peelii peelii*) é o maior peixe australiano exclusivamente de água doce. Hoje é considerada uma espécie ameaçada. (N.T.)

Cito Stefano porque ele sabia o que fazer com essa carne tão gelatinosa e de sabor tão sutil (e quem não experimentou *murray cod* selvagem, autêntico, simplesmente deve fazê-lo; não morra antes disso – você nunca se perdoaria). No meio de uma conversa com Stefano sobre esse exato assunto, ele censurou uma terceira pessoa que nos ouvia por haver grelhado o peixe: sua carne era delicada demais para isso, insistiu ele, e seria muito facilmente transformada em um arremedo insípido do produto fresco.

Realmente, quando os *murray cods* eram às vezes vistos nos armazéns e mercados, a maioria dos australianos mais velhos sabia como arruiná-los. Mas nem todos, é claro. Um sujeito que de tempos em tempos pintava nossa casa no subúrbio de Melbourne quando eu era criança costumava pôr o pincel de lado e fitar pensativamente o horizonte sempre que falava do *murray cod*. Era o melhor peixe que se podia comer no mundo, murmurava ele. Passava feriados inteiros acampado à beira do rio Murray, pescando esse "gênio" de peixe, como ele o chamava. E sua esposa sabia cozinhá-lo. Certa vez, ele trouxe de casa sanduíches de *murray cod*, tirou um pedaço da carne de uma grossa fatia e me deu. Entendi o que ele queria dizer. Numa outra ocasião, ele trouxe fatias frescas – cortes transversais de um espécime bem grande – para minha mãe fritar. Apesar de geralmente não se interessar muito por culinária sofisticada, ela nos preparou uma refeição memorável (acho que o peixe foi o grande responsável por isso). Esperemos então que as novas medidas de preservação funcionem, que o rio Murray encha novamente, que as carpas se extingam e os filhotes de *murray cod* nascidos a cada ano prosperem.

No Stefano's, restaurante situado nos porões do Quality e que vale a pena visitar mesmo sem o *murray cod* no menu, comi o prato autêntico acredito que três vezes. Stefano diz que sempre foi preparado de maneira simples e rápida. Os filés eram de espécimes grandes a enormes. As porções eram polvilhadas – "mergulhadas", como ele dizia – com farinha comum e levemente fritas na manteiga e óleo, com sálvia e pedaços de *pancetta*, por meio minuto cada lado. O preparo continuava no forno, onde os cortes seriam assados por 5 a 6 minutos em fogo médio. Curiosamente, o molho que os acompanhava era geralmente baseado em um caldo clássico de cordeiro, talvez feito com o pescoço do animal e legumes aromáticos. Stefano não mencionou, mas eu não ficaria surpreso se a *pancetta* e a sálvia da fritura se juntassem ao caldo de cordeiro em algum momento do preparo. Seja como for, o peixe era servido com molho de cordeiro e o grande intuito do prato era, segundo Stefano, "provocar a nós mesmos e a você". Seria uma espécie de versão de água doce do *surf and turf* (prato típico americano que combina carne vermelha com frutos do mar, geralmente lagosta ou camarão), brincava ele.

006 fava com alcachofra

Quando eu era criança, só se conhecia iodo de uma forma: um ungüento preto e grosso para passar em machucados. E se o machucado fosse feio o bastante para precisar de várias aplicações, a substância demorava semanas para sair. Além disso, você ficava impregnado com o cheiro. Hoje em dia, é claro, provamos alegremente sabores iodados em um dos mais celebrados legumes, a humilde alcachofra, derivada do cardo.

Assim como as outras artes, a culinária propõe a mescla das afinidades ou o contraste das diferenças. Descobri um prato absolutamente fabuloso que mistura dois legumes de sabores e principalmente de texturas bem próximas. Pense em fava e alcachofra. Com os grãos descascados, a fava tem uma textura fina – assim como o coração de alcachofra. Ambas possuem um leve amargor. No caso da alcachofra, há tanto notas distintas de iodo quanto fortes sabores minerais, comuns também na fava. Como ou por que associar tais similaridades em um prato?

Não sei dizer, mas sei que o Piraeus Blues, um restaurante grego em Melbourne especializado em comida caseira tradicional, o faz de maneira brilhante. Faça o que for possível para experimentar esse majestoso ensopado. Antes de mais nada, a coisa se aproxima de um milagre culinário: tanto as favas quanto as metades das pequenas alcachofras chegam perfeitamente cozidas, intactas e, mesmo assim, sedutoramente macias e suculentas, com os sabores da clorofila, dos minerais e do iodo fortes, confortantes e encorpados. O prato se vale de um bom tanto de talos de alcachofra, que são cortados apenas levemente. Então, tanto as metades de alcachofra quanto as favas são fritas em azeite de oliva com alho e cebola amassados. Acrescentam-se água e tempero; tampada, a mistura é fervida lentamente até ficar tenra. Para engrossar o caldo, farinha misturada em água fria. Aneto fresco picado e algumas gotas de suco de limão são acrescentados pouco antes de servir.

Tentei várias vezes reproduzir essa maravilhosa combinação e, por sinal, falhei sordidamente, não chegando nem perto de suas delícias vigorosas – o que não deveria me surpreender. Pratos como este e os truques secretos que os fazem dar certo são trabalhados durante séculos em lugares como vilarejos gregos. O resultado é um tipo de simplicidade rústica que, hoje em dia, tomamos como fácil. Não é à toa que quem prepara este prato sejam duas senhoras gregas idosas, parentes dos proprietários. Nem se deve esquecer que os gregos – e romanos – antigos foram os primeiros a cultivar cardo; ou seja, eles tiveram tempo de sobra para acertar a receita.

007 ovos milenares

Prontos para uma viagem desconcertante? Porque estamos prestes a entrar no coração das trevas da gastronomia. Poucos gourmets já navegaram tal rio gustativo acima. Estamos prestes a provar ovos de mil anos de idade, essa grande iguaria cantonesa. Conduzo-os a um território hostil; a uma região dúbia, repleta de insetos fritos, sopas de cobra e fetos pochés, sem sinais do progresso e sem o sr. Kurtz – vivo ou morto – para nos receber e nos oferecer a ambigüidade ou o abrigo da familiar e indigesta culinária inglesa.

Conhecidos em Hong Kong como *pei daan*, os ovos milenares não estão nem perto de serem tão antigos assim – estão por aí apenas há pouco mais de um mês. E, antes de devorá-los, é preciso quebrar sua cobertura de argila e cascas de arroz (outra maneira chinesa de conservar ovos é cobri-los com cinzas). Uma vez aberto o ovo e cortado ao meio, a visão de seu interior causa, ao mesmo tempo, repulsa e fascínio. A gema dessas iguarias tem a cor e a consistência da graxa. Anéis concêntricos de um verde desbotado circundam suas bordas. Depois da gema, o que era a clara rica em proteína tornou-se transparente, com consistência de gelatina e cor de âmbar da melhor qualidade. Na boca, as texturas sozinhas levam ao desejo de vomitar ou escarrar. Os comedores campeões, homens e mulheres de coragem gastronômica, aqueles que sabem que se deve mastigar apenas quando se vê a clara dos ovos, continuarão mastigando e encontrarão um sabor estranhamente palatável, porém execrável, que posso descrever melhor como legumes podres realçados com ervas frescas.

Tudo faz sentido quando se constata como os ovos milenares são feitos: enterrados num escabeche de sal, trigo e "lama", como me disse um especialista (suspeito que essa lama seja de um tipo especial). O que acontece com o ovo ali ainda é um mistério.

E por que exatamente alguém criaria um quitute tão ambivalente para o paladar está além de minha compreensão. São comidos crus e, em vez de arriscar experimentar os ovos milenares no primeiro lugar que aparecer, permita-me recomendar os do maravilhoso restaurante Yung Kee, no centro de Hong Kong. Estabelecimento veterano, prestes a completar sete décadas, o Yung Kee serve os ovos como entrada, com fatias grandes de conserva de gengibre rosado preparada na casa. Os ovos também são grandes, em geral de pato.

Os chineses costumam picar os ovos milenares no *congee* matinal (espécie de mingau de arroz), ou os acrescentam a um creme ao vapor. Os heróis – como nós, é claro – os comem crus.

008 café-da-manhã no hotel Saigon Morin

Os grandes hotéis ganham fortunas com o café-da-manhã. Lembro-me de um executivo hoteleiro dizendo, certa vez, que preparar energicamente a primeira refeição do dia para homens de negócios e turistas é literalmente uma licença para imprimir dinheiro (ou cartões de crédito, hoje em dia). Os preços dos bufês de café-da-manhã são especialmente salgados e refletem até seis vezes o gasto que o hotel tem para preparar e servir a comida.

Portanto, é possível dizer muito sobre a atitude de um estabelecimento em relação a seus hóspedes, creio eu, baseado no que lhes é servido no café-da-manhã. E o melhor café-da-manhã de hotel que recordo haver tomado – e foi bem recentemente – é o do Saigon Morin, em Hué, a antiga capital imperial vietnamita.

Não fui recompensado de maneira nenhuma pelo Morin para escrever as palavras a seguir e reservei e paguei o que foi devidamente cobrado – como qualquer um faria – via internet. Porém, se minhas forças estivessem prestes a se extinguir e me restassem uma noite e um café-da-manhã, seria extremamente difícil me dissuadir de passá-los no Morin. Para começar, é um hotel charmosamente sul-asiático – o tipo de lugar onde o luxuoso grupo Raffles[2] estaria antes de a exploração tomar conta. O hotel completou 100 anos em 2001 e pouco tempo antes foi restaurado para exibir sua antiga glória. Dominando um cruzamento central dessa pequena cidade provinciana, suas alas laterais de um branco lavado, de quatro andares, se estendem por cerca de 100 metros ou mais em

2 - O grupo Raffles possui luxuosos hotéis e resorts ao redor do mundo. (N. E.)

vias perpendiculares. Os quartos são enormes, luxuosos e de tarifa bastante econômica, possuem sacadas decorativas de ferro fundido voltadas para a rua, artefatos de cerâmica, cestas de frutas e poltronas confortáveis. Ao longo dos amplos corredores do Morin estão expostas fotografias em preto-e-branco que contam a história do hotel – e, de quebra, boa parte da de Hué também.

O Saigon Morin é o tipo de hotel onde a antiga arte de enfeitar a cama para o hóspede foi ressuscitada: ao lado do travesseiro, encontram-se um doce glutinoso coberto com gergelim e uma historinha filosófica impressa em papel trabalhado e amarrado por um laço vermelho. O hotel foi construído em torno de jardins bastante espaçosos, que incluem uma espécie de jardim de palmeiras. Se houvesse um bar com mesas ao ar livre e internas, e se tirassem a *muzak* pavorosa que ecoa pelos corredores, o hotel seria perfeito.

Não há como reclamar do bufê de café-da-manhã, pelo menos quanto à qualidade e variedade (o café deve ser de máquina, mas é bastante bom). As opções se alternam a cada dia, portanto, nunca é oferecida a mesma gama de alimentos em dias seguidos. Levei papel e caneta a um dos três cafés-da-manhã que tomei no Morin e anotei que havia oito tipos de bolo, muitos deles contendo algum creme doce ou pudim de alguma espécie (dois dias antes, havia cremes leves em colheres de cerâmica chinesa salpicados com "pó" de baunilha). Além disso, havia nove tipos de pão e croissants excelentes; ovos cozidos, pochés, fritos e milenares (ver "Ovos milenares") e omeletes feitas na hora (podendo-se escolher dentre uma variedade de ingredientes, entre eles queijo, tomate fresco picado, minicogumelos, presunto, cebola, chili, hortelã e broto de feijão); *congee* (mingau de arroz) e pitu caramelizado num tipo de molho encorpado e adocicado; legumes em conserva, tais como repolho ao estilo coreano; carne com batatas, pequenas salsichas alemãs saborosas e bacon crocante, mantidos quentes sobre réchauds; carnes frias e salada de tomate e pepino. Os crepes e cereais frios causavam uma impressão e tanto.

Havia também maravilhosas geléias caseiras, claramente feitas apenas com frutas e açúcar (ver "Minha geléia de ameixa"). Uma delas era de laranja – o Vietnã produz frutas cítricas extraordinárias –, outra de maçã, uma terceira de melancia, se não me engano, e uma quarta de morango. Além de torradeiras para tostar o pão. À disposição, seis tipos de frutas frescas, muitas cortadas em pedacinhos descascados. Em seguida vinha o *pho* – a incrível versão de Hué, chamada *bun bo*, da tradicional sopa vietnamita: finas fatias de bife cru são fervidas lentamente por cerca de meio minuto numa grande concha de caldo e, então, deitadas sobre macarrão de arroz (bifun), fatias de bife assado, cebolinha verde e outros ingredientes para produzir o que alguns especialistas acreditam ser a sopa-mor do mundo (ver *"Pho"*).

Tenho certeza de que deixei passar várias coisas, mas, ainda assim, é um café-da-manhã em que se vislumbra o paraíso.

009 guisado de morcego

Senti-me mais um paleontólogo do que um gourmet profissional. Lá estava eu, cuidadosamente abrindo meu caminho a garfadas num guisado escuro e encorpado, quando me deparei com uma mandíbula intacta, revelada pela fileira de minúsculos dentes. Perfeitos, eram muito afiados e mais brancos do que qualquer sorriso de propaganda de creme dental.

Foi em um restaurante de savana de reputação considerável na Nova Caledônia. O dono, um francês nascido na região, insistira para que eu experimentasse o "guisado especial"; seria um regalo. Pedi e o apreciei imensamente. Preparado segundo a tradição da culinária gaulesa clássica, continha champignon, tiras de bacon, batatinhas e muito vinho tinto. Contudo, havia também inúmeros ossos finíssimos e a carne, embora escura e muito saborosa, era pouca. E o que seria aquele aroma indistinto? O dono veio até a mesa. Questionado se havia gostado, respondi que sim, muito, mas perguntei: por que era especial? Porque não era freqüente obter morcegos frugívoros em quantidade suficiente para prepará-lo.

Desde então, comi o guisado de morcego uma vez mais, no restaurante de um resort em Honiara. Na verdade, comer morcegos é algo comum no Pacífico. São ricos em proteína e a maioria de seus pequenos ossos se desmancha entre os dentes – ou seja, cálcio extra. Embora eu ainda insista que se deva provar guisado de morcego (não tenho certeza se alguém optaria por morcego grelhado ou frito), devo alertar sobre seu escabeche peculiar. Os morcegos permanecem pendurados de cabeça para baixo a maior parte do dia e são, no mínimo, preguiçosos em relação a suas necessidades fisiológicas. Acredito que isso dependa da idade do morcego, mas, depois de certo tempo, eles passam inevitavelmente a se automarinar. Um leve odor de urina acaba acompanhando qualquer guisado feito com eles, equiparando-se ao tipo de prazer que Leopold Bloom tinha ao comer rim no café-da-manhã; Joyce nos conta em *Ulisses* que Bloom adorava "coração assado recheado" e "ovas de bacalhau fritas", mas se deliciava especialmente com rim de carneiro no café-da-manhã, o que dava a seu palato um "fino sabor de urina vagamente perfumada".

Em seu livro *Strange Foods* (Comidas estranhas), Jerry Hopkins conta que os morcegos são tão populares na Ásia como nas ilhas do Pacífico. Seu "odor peculiarmente pungente", como diz ele, pode ser amenizado com pimenta, cebola e alho. Porém, é preciso haver limites: no restaurante em Saigon freqüentado por Hopkins, certa vez, garçons trouxeram morcegos vivos à mesa para cortar-lhes a garganta e servir um aperitivo fresco.

010 *steak tartare*

Apesar de não ser muito incomum em países produtores de carne "segura", tais como a Austrália, o *steak tartare* (carne crua com condimentos) é um prato altamente duvidoso em boa parte do mundo. Por razões de higiene, de fato, eu não recomendaria pedi-lo em locais suspeitos. Como alimento, o prato vem se tornando menos seguro a cada ano, devido ao risco de uma variante da doença da vaca louca capaz de infectar humanos.

Há pouco tempo era possível comer carne crua com confiança. Provei *steak tartare* pela primeira vez no La Coupole, bistrô parisiense *par excellence*, onde as cadeiras de madeira matraqueiam no chão e os garçons têm mais atitude que um parlamento inteiro de políticos. Trinta anos atrás, o *tartare* era uma especialidade da casa e, se me lembro bem, a farta carne bovina finamente disposta era coberta por meia casca de ovo contendo a gema. Molho inglês, mostarda, ketchup, echalotas bem picadas, salsa picada, alcaparras e um ou dois acompanhamentos vinham em recipientes separados, para você mesmo compor o sabor final. Alguns restaurantes o fazem por você, seguindo suas orientações e permitindo-lhe provar durante o preparo.

Independentemente da qualidade, a carne crua em si possui pouco sabor; são os condimentos que a tornam apetitosa. Mesmo quando minha mãe jogava para mim um cubinho que sobrava do *steak* que ela cortava em pedaços para preparar um guisado, eu primeiro o cobria com sal e depois comia com rodelas de cebola crua. Devo admitir que adorava e, naquele tempo, não sofria indigestão nenhuma.

Pode parecer um tanto idiota ir a um restaurante para comer algo que não precisa ser cozido, mas é uma questão principalmente de segurança; fazer os clientes passarem mal não é bom para os negócios e os restaurantes têm de se enquadrar. Você deveria confiar no *tartare* de um restaurante respeitável, mas teria de conhecer muitíssimo bem seu açougueiro para preparar o prato em casa com segurança.

Tenho um antigo livro francês de receitas que apresenta quatro receitas de *steak tartare*, todas feitas por restaurantes de boa reputação. Após um prefácio que conta a tradição dos "hunos e mongóis", de amaciar a carne colocando-a sob as selas dos cavalos, ele diz que o *steak tartare* é um prato de inverno, um tônico contra o frio, e chama o humilde hambúrguer de sua versão "civilizada". As quatro receitas partem do básico que citei acima. Contudo, uma variação alegadamente grega acrescenta molho de tomate, anchovas, alho e conhaque, enquanto a versão "caucasiana" é dividida com torradas e caviar (ver "Caviar"). Para mim, parece bom. Já o *steak tartare* indiano inclui curry, coco grelhado e pinhão.

011 siri-mole frito

Já vi gente terminar de comer caranguejo com cortes e sangrando. Isso porque, se os espinhos não nos machucam, as antenas e as pinças geralmente o fazem. Sem dúvida alguma, os caranguejos e seus parentes são a comida mais frustrante do mundo. Ainda assim, sua carne macia e suave tem altíssima reputação. Como saboreá-la evitando o terror? Viaje até Manila nas Filipinas, onde há um tempo comi a melhor travessa de siri da minha vida.

Contaram-me também que se trata mais ou menos de uma estimada especialidade filipina, embora eu suspeite que isso seja um tanto quanto duro para com os siris. (A menos, é claro, que exista – e possivelmente é o caso – uma espécie pequena usada especificamente neste prato e cuja sobrevivência não esteja ameaçada.) E quanto ao prato em si? Só posso chamá-lo de siris fritos em imersão – nada mais, nada menos. Trata-se de uma pratada de siris inteiramente fritos, tostados e crocantes, servidos sobre papel-toalha cinza. Por sinal, o local onde provei esse acepipe não era um café popularesco num vilarejo perdido de alguma ilha remota. Ao contrário, era um estabelecimento muito elegante localizado no centro de Manila. Ao longo de uma das paredes havia urnas com água onde se lavavam as mãos antes de comer o prato de siris.

Aparentemente, os siris – que eram bastante chatos e pareciam pequenas ilhotas na palma da minha mão – haviam sido polvilhados com farinha antes da fritura. Uma fonte declarou que, de fato, eles são jogados vivos dentro de um saco de farinha, agitados (e, muito provavelmente, misturados) e, em seguida, o conteúdo do saco é despejado na gordura fervente. Não pude verificar tal informação, mas está claro que alguns dos mais pavorosos hábitos humanos produzem alguns dos pratos mais memoráveis da humanidade. Enfim, seja como for, comia-se o siri inteiro: as garras e carapaças eram crocantes e frágeis o suficiente para não machucar as gengivas. E incrivelmente suaves. Até onde me recordo, não eram acompanhados de guarnição alguma.

Alguns gourmets exaltam os caranguejos de mangue australiano e, por experiência própria, quando os capturei perto de Darwin, parece que não há absolutamente nenhuma chance de o estoque se esgotar. Mas considero-os, bem como a maioria dos caranguejos (particularmente o onipresente *blue swimmer* e o gigante do Estreito de Bass), de sabor razoavelmente insípido e textura fraca. E, segundo fontes confiáveis, os *muddies* são cortados vivos para ir à panela em centenas de restaurantes por toda a Austrália, todas as noites.

Fui membro de um pequeno grupo de jornalistas que, certa vez, comprou-os já prontos, perto de Brisbane. Havíamos trabalhado duro em um suplemento em cores por mais de uma semana e nos recompensamos com um piquenique na praia regado a cerveja e um monte de *muddies*. A cerveja cumpriu seu papel usual, enquanto os caranguejos estavam apenas razoáveis. Como é de costume em tais circunstâncias, decidimos aliviar o tédio remando um pouco, mesmo se tratando de um dia fresco de outubro. Um membro de nosso grupo, que desde então ganhou uma reputação jornalística considerável, recusou categoricamente se juntar aos demais no passeio. Assim, nós o arrastamos até a areia, tiramos sua calça, seus sapatos e meias para revelar... unhas pintadas de cor-de-rosa.

Acredito que o *spanner crab* é um exemplar da infra-ordem *Brachyura*, que proporciona o melhor aproveitamento culinário. Digo isso em parte porque estou simplesmente apaixonado por seu nome científico eufônico, *Ranina ranina*, mas sobretudo porque sua carne é mais suave e gelatinosa do que as demais. Sua enorme carapaça arqueada também contém uma quantidade surpreendente de carne, à qual é relativamente fácil de se chegar, em comparação com o trabalho que envolve a cutucação de seus parentes. Só é possível comprá-los recém-fervidos, mesmo assim são bons. Saboreie-os com uma boa maionese ou um vinagrete com ervas.

012 linguiça *andouillette* no Chartier

Estou sinceramente surpreso com a crescente popularidade da *andouillette* nos cafés franceses – ela parece ameaçar até os mais populares *plats principaux* gauleses, tais como filé com fritas e *blanquette* de vitela. E pergunto-me por que, uma vez que alguns franceses, a despeito de sua reputação onívora, ainda têm receio da *andouillette*.

Trata-se do prato perfeito para se torcer o nariz. A linguiça *andouillette* é feita com os intestinos do porco. Ao abri-la, o cheiro estonteante de uma legítima pocilga ataca as narinas. Como escrevi certa vez, em outro lugar – a frase é minha, portanto, nada de furtá-la – seu nome em inglês, "*chitterlings*"[3], parece bastante apropriado.

Se você for comer apenas uma *andouillette*, insisto para que seja no Chartier. É possível encontrar *andouillettes* por toda a França e raramente elas serão menos do que boas ou excelentes; mas sugiro o Chartier (Rue du Faubourg-Montmartre, 7), pensando tanto no seu bolso quanto na experiência de comer nesse lugar. Quando morei em Paris pela primeira vez, bistrôs como o Chartier não eram difíceis de

---

3 - Trocadilho com a palavra "shit", em inglês, que significa "merda". (N.T.)

encontrar. Trata-se de um cenário que você provavelmente já viu nos filmes franceses antigos: chapeleiras de bronze, alguma serragem no chão, garçons decrépitos em preto-e-branco vestindo coletes escuros e longos aventais brancos – e os pratos são baratíssimos! Hoje há menos bistrôs à moda antiga, o Chartier está entre os últimos; desde os anos 1890 já fazia parte de uma cadeia de estabelecimentos gastronômicos burgueses. O teto alto como o de uma catedral é uma clarabóia e há espelhos emoldurados, rodapés de pedra polida, painéis de madeira e um mural bucólico adorável. Parisienses e turistas lotam o Chartier às centenas, gastando comparativamente pouco e saboreando muito de seu longo cardápio tradicional de bistrô.

A *andouillette* do Chartier é uma linguiça bem grossa e de cor castanho-amarelada pálida. Ao ser atravessada por uma faca, caracóis de vísceras rolam para fora. O prato acompanha fritas e mostarda de Dijon. Algumas pessoas – eu sou uma delas – se apaixonam logo pelo bafejo de urina dessa comida. Talvez tenhamos feito muito xixi na cama ("Não tem nada de errado com um garoto que faz xixi na cama", disse sabiamente o dr. Galbraith. "Mas não de cima do guarda-roupa!", disse minha mãe... Ei, é só uma brincadeira!). Eu adorava rim, por exemplo.

Não importa o quanto escrupulosamente se lavem as sobras envolvidas nas etapas finais da digestão, os detritos animais continuam a influir nos órgãos onde são produzidos. Busquei uma opinião experimentada com meu cunhado, um açougueiro francês milionário, precisamente sobre essa questão. As entranhas do porco, garantiu-me ele, eram escrupulosa e meticulosamente lavadas e esfregadas sob água corrente fria para o preparo da *andouillette*. Lavadas até a alma, ele poderia ter acrescentado.

013 *cassoulet* de Castelnaudary

Se for para ser extravagante, prove o *cassoulet* de Castelnaudary, na França. Trata-se basicamente de carne de porco com feijão, mas é também o mais substancioso prato principal francês. Você se lembra dos filmes de aventura? Sujos e com as barbas por fazer, Humphrey Bogart e seu bando de sonhadores, sentados em torno da fogueira em algum desfiladeiro esquecido das montanhas de Sierra Madre, comem de boca aberta enquanto falam sobre o ouro, os garfos tamborilando timidamente nos pratos. "Nós encontraremos!", cospe Humph. "Há ouro por lá, estou dizendo!", diz ele, escarrando ainda mais e pondo-se de pé. Gesticula então com os braços: "Por toda parte!". Bogart senta-se novamente, aproximando-se do fogo. Baixando a voz a um murmúrio, ele olha desdenhosamente para o prato: "Não teremos mais de comer essa..." (arremessa o prato nas artemísias) "...desgraça de feijoada!".

Obviamente, duvido que os fornecedores de Hollywood alguma vez tenham providenciado uma feijoada boa de verdade. E o *cassoulet* é exatamente isso. Ótima carne de porco com feijão. Prepará-lo adequadamente leva tempo e é trabalhoso. Não é necessário ter habilidades especiais na cozinha. Já o preparei um bocado de vezes e chorei de alegria com os resultados. Depois de comer, muitas vezes desejei estar lá com Humph e os rapazes, como um moleque magricela à esquerda da tela. Engoliria nervosamente, beberia do cantil pendurado na minha sela e diria algo do tipo: "Com licença, chefe, mas a minha mãe preparou para mim uma feijoada chique. Chama-se *cassoulet*, chefe, e é boa pra caramba!" (imagino que, em seguida, eu teria de me esconder).

Considerada o lar do *cassoulet*, Castelnaudary é uma cidade na região do Languedoc, no sul da França, perto da Espanha. O *Larousse Gastronomique* traz quase três colunas, em fonte miúda, sobre o prato. Mas existem, é claro, diversas versões dele. Assim, vá a Castelnaudary, vasculhe a cidade e escolha os melhores restaurantes de *cassoulet* (não tenho uma recomendação especial, pois só passei pela cidade duas vezes e há muito tempo; trombei com um mercado de *cassoulet* excelente por pura sorte).

Segundo o *Larousse*, o *cassoulet* costumava ser feito numa panela de barro chamada de *cassole d'Issel*, daí seu nome. Críticos gastronômicos sérios – ao contrário dos frívolos, acredito – reconhecem que há, na verdade, três versões diferentes de *cassoulets*, originadas em Castelnaudary, Toulouse e Carcassonne, cidades próximas. A versão de Castelnaudary inclui carne de porco fresca, presunto, joelho de porco e toucinho e é sempre a primeira a ser mencionada. A de Carcassonne acrescenta carne de carneiro e perdiz a esses ingredientes e a de Toulouse leva ainda peito de porco, bem como linguiça, carneiro e coxas de ganso ou pato conservadas em gordura. Uma "matança desnecessária", se preferir.

Para fazer as receitas tradicionais, é necessário seguir um procedimento bastante extenso, que envolve a fervura lenta do feijão com aromáticos, alho, purê de tomate, temperos e as carnes. Aqui estou resumindo o procedimento, mas quando estiver quase cozido cobre-se a superfície do *cassoulet* – que deve ser preparado numa panela de barro – com migalhas de pão e gordura de ganso, para então colocá-lo no forno "aquecido com tojo da montanha" (posso imaginar o sorriso largo de deleite de Humph: "Você estava certo, garoto! O tojo faz toda a diferença!"). Deve ser assado em fogo baixo durante várias horas. A crosta que se forma em cima deve ser misturada ao *cassoulet* novamente, duas ou três vezes, e o prato deve ser servido na panela onde é preparado.

Se me lembro bem, Humph e os rapazes nunca encontraram ouro. Agora, se a feijoada deles tivesse sido *cassoulet*...

014 arenque em óleo no Grand Colbert

Até na França é chamado simplesmente de "arenque em óleo" e mesmo assim este prato clássico é uma das minhas entradas favoritas. Se fosse fácil obter os mais finos filés de arenque defumado, poderíamos tranqüilamente tentar prepará-lo em casa. Suspeito, porém, que nem mesmo o restaurante parisiense onde recomendo que se prove o prato, o Grand Colbert (Rue Vivienne, 2), defume seus próprios peixes. A culinária tem a ver com a utilização dos melhores produtos e, se outra pessoa se especializou em produzir ingredientes sublimes, por que não deixar isso por conta dela?

Os arenques sem dúvida ainda são abundantes, a julgar pela onipresença de sua versão defumada e outras preparações que o incluem. Eles se juntam da primavera até o outono em cardumes enormes nas águas do Atlântico, na costa francesa. Sua pesca em grande quantidade durante dois meses, no final do outono no hemisfério norte, implica naturalmente seu salgamento e sua defumação posterior. Depois de salgados, os arenques são defumados a frio – suspensos a certa distância do fogo para incorporar o odor e o sabor da fumaça, a temperaturas relativamente baixas. Recomenda-se usar madeira de faia.

Após encontrar os filés de arenque defumado, transformá-los em *harengs à l'huile* não deve ser muito sofrido. Deixe-os de molho em leite ou numa mistura de leite e água por pelo menos uma hora, às vezes, até mais do que isso, para remover a maior parte do sal. Seque-os e guarde-os numa terrina, alternando os filés com camadas de rodelas de cebola e de cenoura, folhas de louro esmigalhadas e ramos generosos de tomilho (nada de sal, é claro, mas não vejo por que não acrescentar grãos de pimenta). Regue com azeite de oliva de qualidade e deixe o peixe marinar por pelo menos 24 horas em local fresco (mas não na geladeira). Na verdade, os filés de arenque podem marinar por dias a fio, tendo como prazo de validade até uma semana.

Sugiro que deixe o Grand Colbert fazer isso para você porque eles tornaram o prato algo espetacular. Os filés chegam numa terrina de cerâmica grande o bastante para servir uma boa família católica e todos os seus agregados. O azeite deles é claro e as rodelas de cenoura, as de cebola e os ramos de tomilho bastante fartas. Aí você simplesmente se serve. Atire-se. Satisfaça-se, se quiser, enquanto absorve o maravilhoso estilo oitocentista do Colbert – com direito a piso de mosaico, globos iluminados, vitrais, espelhos e pôsteres de espetáculos. Você terá a impressão de que está fazendo algo especial. E estará mesmo.

015 *foie gras* em Bordeaux

Como sou fascinado por lembranças, acredito que algumas das melhores simplesmente perdem seu lugar exato no arquivo da nossa mente. Tornam-se tão preciosas para nós que assumem uma universalidade onipresente ou então se perdem num esconderijo especial. A parte que menos lembramos é quando elas ocorreram. Graças a esse fenômeno, minha lembrança da data exata – ou mesmo da estação ou do ano – da minha mais estimada refeição de *foie gras* ficou obscurecida. Mas isso não é um texto de filosofia e, tendo pigarreado, permitam-me algumas palavras mais pertinentes sobre este nobre prato.

Este seria o primeiro prato da minha última refeição. E, aqui também, a vida complica, pois ele é preparado graças à particular agonia dos animais. Patos e gansos são trancados no escuro e alimentados à força com grãos durante suas últimas semanas de vida. Os fígados alterados – aumentados em até dez vezes do tamanho normal – são *foie gras*. Apóio totalmente quem se recusa sequer a tocar naquilo; talvez eu devesse me recusar também – é algo que passa pela minha cabeça sempre que o como. Mas eu como mesmo assim e talvez devesse ficar apenas envergonhado, não deleitado. Não há desculpa e a única explicação para o meu consumo de *foie gras* é que ele é sublime e a vida é curta. Além do mais, não vai fazer diferença quando já estivermos mortos.

Em setembro de 2004, o Ministério da Agricultura da França afrontou seus parceiros da União Européia ao dar aos 6 mil produtores de *foie gras* mais cinco anos – até 2010 – para se livrarem das gaiolas apertadas onde os gansos e patos ficam confinados até o fim da engorda. Devo as informações que se seguem ao *Guardian*, jornal londrino. O ministério argumentou que a UE poderia recomendar, mas não ordenar. Sob pressão de países mais gastronomicamente corretos do que a França, muitas organizações européias vêm tentando, nos últimos anos, acabar com a produção de *foie gras*. Mas a França é responsável por algo em torno de 70% das 20 mil toneladas produzidas anualmente no mundo – e também por cerca de 85% do consumo mundial. Para engordar as aves, o milho é empurrado através de um tubo garganta abaixo, três vezes ao dia, durante o último mês de vida dos animais. Na época do abate, essas aves sofrem – além de males agudos do fígado – de diarréia, problemas de locomoção, lesões, inflamações e falta de ar.

Certa vez, em um passado distante, que não consigo especificar, eu, minha esposa e um de nossos filhos, na época um bebê, passamos a noite em Magescq, uma cidadezinha ao sul de Bordeaux no caminho para a Espanha. Trata-se do lar do *foie gras*, e o agradabilíssimo hotel onde nos hospedamos já era conhecido pela comida simplesmente ótima. Realmente, acredito que o Relais de la Poste já havia ganhado, na época, uma estrela do guia *Michelin* (em 2000, já contava com duas). Por um preço bem módico, fomos conduzidos a um quarto enorme, no andar superior de uma espécie de chalé, em meio a grama e altos pinheiros. Era mobiliado ao estilo do Rei Sol, as cadeiras, cama e escrivaninha todas entalhadas em madeira centenária. A gerência providenciou um berço para o bebê e uma babá eletrônica que transmitiria seu choro para nossa mesa de jantar, caso ele acordasse (é, não deve fazer tanto tempo assim). Descemos, então, para jantar.

Comi *foie gras* de pato, a especialidade do Relais. Em guias *Michelin* recentes, nota-se que o Relais oferece o prato acompanhado de *girolles*, um maravilhoso cogumelo selvagem. Se me lembro bem, naquela noite, três ou quatro enormes fatias de fígado – um prato de pedreiro ou, em Bordeaux, de colhedor de uvas – eram acompanhadas de salada simples de alface crespa. Vinham envoltas em seu caldo deglaçado com vinagre de vinho tinto. E provei o paraíso. A textura exterior do *foie gras* é levemente semelhante à borracha e a interna é algo entre apenas gelatinosa e próxima à da coalhada. É incrivelmente encorpado. O sabor? Só provando para saber.

Muitos anos depois, na noite após termos comido as *brochettes* de melro e tordo de Pierre-Yves (ver "*Brochettes* de melro e tordo à Pierre-Yves"), comemos *foie gras*. Naquela tarde, havíamos dirigido uma hora até um atacadista onde Collette costumava comprar e em quem confiava. E havíamos voltado para casa com, na verdade, *foie gras* demais para quatro pessoas – mas preparamos mesmo assim. Ou melhor, pediram-me para prepará-lo. Os outros três haviam feito votos de nunca tentar sozinhos.

Em sua maioria castanho-amarelados, mas com o mais leve dos toques de rosa, os pedaços de *foie gras* têm tamanho próximo ao de uma bola de futebol infantil. A textura do fígado cru fica entre a de cera mole e a de massa de modelar. Cortei várias fatias grandes e tentei reproduzir o que eu comera no Relais (e, devo acrescentar, visto ser preparado uma ou duas vezes em cozinhas de restaurantes). Fritei bem rapidamente as fatias, começando com um pouco de manteiga na frigideira. Um a três minutos de um lado, a metade do tempo do outro. O *foie gras* libera tanta gordura que, depois de fritar meia dúzia de fatias, a banha líquida e transparente literalmente transbordava da frigideira; é claro que Collette a guardou para outras receitas e eu preparei um molho com talvez meia xícara dessa gordura e vinagre.

Mais perto da Austrália existe um prato de *foie gras* à altura de qualquer outro que eu já tenha experimentado. É no Gaddi's, disparado o melhor restaurante de Hong Kong. Chef de lá em 2004, o britânico Philip Sedgwick criou algo de valor gastronômico atemporal. Numa terrina, dispõe-se um gordo e compacto fígado de ganso frio vestido com um manto de geléia de vinho agridoce e transparente, da cor de um mar raso numa manhã ensolarada. Metades de uvas descascadas e sem semente são postas na geléia. Os níveis de viscosidade são brilhantes. O fígado em si acrescenta uma característica amanteigada incrível, mas também contribui com um amargor suave e balanceado. Acompanham uma salada de verduras minúsculas e superlativas, uma gota de vinagre balsâmico denso e uma fatia de brioche.

Note que a criação de Philip usa o *foie gras* frio, que é o modo como a maioria das pessoas o consome nos restaurantes. Os pedaços são colocados firmemente numa terrina e assados em banho-maria. Depois de esfriar, são postos no refrigerador e servidos em fatias. Não caia na tentação dos produtos de *foie gras* em lata. A maioria deles contém, na verdade, fígado muito pouco engordado. Leia as embalagens cuidadosamente para saber sobre o conteúdo, caso você realmente sinta que deva comprar essas corruptelas. Não se encontra *foie gras* fresco em qualquer lugar, portanto você deve prová-lo na sua próxima aventura pela Europa. Mas vou respeitá-lo se não o fizer. E muito!

016 bacalhau no Casa Labra

Cresci odiando a Nova Zelândia e todos que lá moravam. Era culpa da espécie local de bacalhau, que cruzava o mar da Tasmânia na forma de vis filés de cor alaranjada metidos em caixas de madeira. Era o único peixe que se via na minha casa, o único que minha mãe cozinhava. Aliás, só o comíamos uma vez por ano. A sexta-feira santa não só era imbuída de espiritualidade pesarosa para os metodistas, como tínhamos de comer bacalhau também. Era a única sexta-feira do ano na qual muitos bons protestantes viravam católicos e recusavam carne vermelha. Assim, minha mãe saía para comprar o tal bacalhau e o preparava para o jantar. A coisa era tão salgada e tão sem sabor! E o modo como a carne se desmanchava em pedaços ao se separar das escamas absolutamente repulsivas, que por si só já me faziam engasgar, só piorava a terrível tarefa de comê-la (embora tirar as escamas fosse divertido, de uma maneira técnico-gastronômica).

Muitos anos depois, descobri que, nas sextas-feiras santas, eu comia algo próximo da iguaria mediterrânea conhecida na Espanha como *bacalao* e, na Itália, como *baccala*. Digo algo próximo pois o nosso similar ao verdadeiro bacalhau nunca foi posto para secar – ou algo semelhante – como aquela espécie o é no Mediterrâneo. E, possivelmente porque não era seco e incrustado com sal, ninguém nas residências australianas pensava em retirar-lhe o sal. O *bacalao* é deixado de molho na água para remover o excesso de sal. E, realmente, as referências italianas que consultei diziam que o bacalhau seco deveria ser deixado de molho por 24 horas e a água trocada três ou quatro vezes.

Em Madri, o Casa Labra, um restaurante de quase 150 anos, é especializado em bacalhau seco salgado e serve meia dúzia de opções do peixe a qualquer hora (existem centenas de receitas). Sugiro que vá lá e experimente essa verdadeira delícia. Saiba que esse lugar minúsculo, de vidro fosco, enormes guardanapos amarelo-laranja e bela marcenaria clara, é mais conhecido pelo bar de tapas anexo. Como se estivesse a um mundo de distância fica num estabelecimento no andar superior, onde você tem de se acotovelar por três fileiras de clientes locais para conseguir pedir um *sherry* (foi aqui, por sinal, onde Pablo Iglesias fundou o Partido Socialista espanhol, há mais de um século).

Experimentei o *bacalao* de duas maneiras (nota-se imediatamente, ao prová-lo, que há uma quase total falta de sal). Com exceção de um ou dois bocados mais salgados da parte mais grossa do filé, o peixe em si possuía um sabor fino e sutil e uma espécie de leve plasticidade. Essa neutralidade, é claro, era uma tela gastronômica em branco, onde seriam pintadas outras cores-sabores. Um dos filés, por exemplo, foi coberto com raspas de alho frito, rodelas de pimenta vermelha ainda mais frita, salsinha picada e um fio de azeite de oliva. O outro era coberto por um molho razoavelmente encorpado com uma base forte de tomate, salpicado com alcaparras e muito shimeji-preto. Ambos estavam excelentes.

Saí inspirado, determinado a dar uma nova chance ao *cod*, peixe que dá origem ao bacalhau. Penso em tentar fazer *cod* na pimenta flambado com conhaque, ou com vinagrete, ou ainda com *beurre blanc* – até mesmo com um molho madeira clássico ou coberto com gaspacho morno. Quem sabe? Podem ficar bons.

017 purê de batatas de Joel Robuchon

Joel Robuchon foi o maior astro dos chefs franceses nos anos 1980. Em seu restaurante, o Jamin, em Paris, criou pratos simples, porém astronomicamente refinados, que abalaram o mundo. Ele sempre afirmou que tudo o que se necessita realizar na cozinha é fazer uma cenoura ter o gosto de uma cenoura. Claro que era mais do que isso. Sua famosa sopa cremosa de couve-flor, por exemplo, incluía um anel perfeito de ovas de caviar na borda e, por baixo, uma encorpada geléia escura de caviar, numa camada à parte (e era fabulosa). Seu *crème brûlée* era permeado por "pó" – na verdade, sementes – de fava de baunilha (e era magnífico). Mas, de todas as suas criações, a mais falada era o purê de batatas. Era branco como a neve, tinha a consistência de massa-fina e, ainda assim, era inacreditavelmente encorpado. E quem amassava batatas regularmente em casa se perguntava como ele fazia aquilo. Não descobririam com facilidade. Num fatídico dia de 1995, Robuchon, já um homem rico, se aposentou cedo, do nada. Passou a escrever uma coluna em um jornal e a prestar consultoria gastronômica, mas não voltaria ao fogão.

Entretanto, eu descobri o segredo do purê de Robuchon. Isso foi em Sydney, quase que completamente por acaso. Por mais estranho que pareça. Antes de revelá-lo, porém, devo explicar que, quando um chef francês alcança o status de *superstar*, ele, na verdade, não cozinha mais. Entrevistei Robuchon depois de um almoço e seu avental branco longo estava impecável – nem um só respingo ou derramado o maculava. Sua calça azul-marinho tinha um ótimo corte e era feita de tecido fino, com vincos impecáveis, e seus sapatos pretos caríssimos estavam perfeitamente engraxados. Entenda, um chef desse nível supervisiona e dá ordens aos subordinados... mas não põe a mão na massa de fato.

Um de seus cozinheiros mais talentosos – um sujeito que fazia o serviço na cozinha do Jamin – foi, por muitos anos, chef executivo de um hotel cinco estrelas em Sydney (e depois se mandou para trabalhar em Tóquio). Eu perguntei a ele, certa vez, o segredo do purê de Robuchon. Ele riu entusiasmadamente e disse: "Beaucoup de beurre!". Era apenas muita, muita manteiga o que tornara o purê famoso, revelou ele.

Mas, tratando-se de uma receita de Robuchon, as batatas seriam de um tipo especial, dotadas de sabor magnífico, e a manteiga, igualmente, seria a melhor que o dinheiro de um grande homem poderia comprar. O antigo cozinheiro do Jamin explicou também que as batatas eram primeiro assadas com a casca, não fervidas. Entretanto, com um pouco de cuidado e atenção, creio que seja possível preparar em casa uma aproximação do purê de Robuchon.

A solução é essa ou então provar o artigo autêntico – pois Robuchon está de volta. Ele inaugurou, há relativamente pouco tempo, não apenas um restaurante elegante em Macau, na China, como também o L'Atelier de Joel Robuchon (literalmente, "O ateliê do Joel Robuchon"), em Paris e em Tóquio. E as referências na internet sugerem fortemente que o purê é prato obrigatório. Não consigo imaginar como não seria. Prove-o, e fique abismado com a maneira como uma pasta sem graça pode ser mais "ricamente" do que uma cirurgia plástica em Hollywood.

018 pombo no Pettavel

Os pombos já passaram por muita coisa desde os dias em que Ernest Hemingway – de uma grande e ponderosa casta literária – costumava dizer que se fartava deles em plena Paris. Não se pode esperar que os escritores de ficção digam a verdade, é claro, e sombras de dúvida recaem sobre sua afirmação (penso que ele próprio tenha criado algumas delas). Porém, se essa for verdadeira, não acho que a variedade urbana do gênero Columba seja especialmente saborosa, se considerarmos os restos de sanduíches estragados que consomem.

Por outro lado, já comi pombos sublimes em restaurantes. É, de fato, minha ave favorita. E o melhor que já provei – você deve experimentar antes de morrer – é o pombo servido pelo Pettavel Winery and Restaurant (vinícola e restaurante), a oeste de Geelong, na Austrália. Isso tanto pela ave quanto pela culinária maravilhosa constantemente oferecida pelo lugar. A ave em si é chamada de "pombo selvagem de Barossa desossado", mas provém de um fornecedor sul-australiano altamente respeitado – o que me leva a presumir que, quando o experimentei pela primeira vez, em meados de 2002, o pombo fora alimentado e engordado. Ainda assim, me foi servida uma ave inteira cortada em quatro, com uma cobertura de funghi bastante acre, condensada a partir de cogumelos porcini. E a carne estava malpassada, suculenta, porém mastigável perto do osso, tenra nos músculos grandes, adocicada, com qualidade de bife de fígado e cor rosa-claro. Estava fabulosa, transcendental, promovia uma mistura mágica de sabores minerais, animais e vegetais. Acompanhavam cogumelos chilenos (*Suillus luteus*) e uma torre de cremosas batatas gratinadas ao estilo *dauphinois*[4].

---

4 - O "gratin dauphinois" é um clássico da culinária francesa tradicional. Tratam-se de batatas gratinadas ao forno, geralmente servidas como acompanhamento de carnes assadas. (N. E.)

Contaram-me que os chefs no Pettavel montam seus pratos com pombo de diversas maneiras, então não posso prometer que seja possível pedir o mesmo prato que comi. Mas peça-o, de qualquer modo. Você não vai se desapontar.

Os pombos parecem gravar-se na minha memória. No maravilhoso Claude's, em Sydney, o antigo proprietário e chef, Tim Pak Poy, certa vez presenteou a mim e a um pequeno grupo de jornalistas japoneses visitantes com aquilo que ele chamava de pombos "da mata", também originários do sul da Austrália. Que eu me lembre, as garras e a cabeça eram mantidas e as aves eram tão boas quanto as do Pettavel, talvez de textura um pouco mais firme. Amarrei Tim em uma cadeira e, mesmo depois dos mais cruéis e incomuns métodos de tortura, ele nada revelou sobre como conseguia os pombos, de onde vinham, se haviam sido alimentados. Às vezes, os chefs são assim em relação a ótimos ingredientes. Ele só disse que haviam sido apanhados em florestas – com redes?

A maioria dos pombos para culinária é de filhotes. Por definição, têm de 28 a 32 dias de idade. Nunca deixaram o ninho e são alimentados com misturas secretas de grânulos e grãos. Certa vez, visitei os viveiros de um criador de pombos no Vale de Yarra, não muito longe de Melbourne, na Austrália. Vi "pacotes" fofos, de um cinza pálido e indistinto, mais ou menos do tamanho de um bom melão, apenas sentados em seus ninhos, que ficavam em prateleiras em cabanas de tábua. Eram alimentados e piavam apenas ocasionalmente. Tudo era impregnado de um leve odor "agrícola". Os pombos podem ser imundos – na Trafalgar Square, hoje em dia, há avisos para tomar cuidado com eles –, mas seu valor gastronômico é incrível. O que mais me surpreende é como aves tão sedentárias possuem carne tão escura e deliciosa. Deve ter a ver com a procriação. Normalmente, aves de carne escura indicam movimento – altos índices metabólicos e sistemas complexos de circulação sangüínea. Ao contrário de aves tanto maiores quanto menores, os pombos são capazes de combinar sua mansidão com uma sangria intensa. Comparados a aves de mesmo tamanho também, eles têm uma textura gelatinosa excelente.

Se desejar assá-los em casa, opte por um recheio simples de pão ensopado em leite e bacon defumado perfeitamente picado, um ovo e ervas frescas (coisas como alho socado e outros aromáticos são opcionais, é claro). Você obterá melhor resultado se amarrar as pernas e asas bem firmes ao corpo. Asse-os com muita manteiga. Comece colocando-os no forno bem quente e regue-os com freqüência. Não é preciso mais de meia hora. Pombo assado vai bem com a maioria dos legumes.

019 ovos nevados do Tim

Falando em Tim Pak Poy, sua versão de ovos nevados é, sem sombra de dúvida, a mais importante contribuição recente à culinária australiana. Creio que seja essencial em termos mundiais. Intelectualmente falando, é um grande passo gastronômico e o modelo, do que chamei num livro anterior, de "narrative cooking" ("cozinha narrativa"). A abordagem de Tim é revolucionária; não se engane achando que o que os outros chefs ao redor do mundo fazem é mais importante ou *avant-garde*. Não é. Se quiser se gabar de ter feito o equivalente gastronômico de fissionar um átomo ou entender a teoria do tempo-espaço de Stephen Hawking, então coma os ovos nevados do Tim. Eles são vitais para o desenvolvimento da gastronomia.

Os ovos nevados tradicionais são claras batidas cozidas rapidamente em leite adoçado. O leite é a base para um *crème anglaise* (um creme líquido adocicado), na qual os ovos bóiam. Tim se vale da idéia utilizando os ovos num tira-gosto, não numa sobremesa.

Primeiro, ele mistura carne de caranguejo às claras, uma idéia brilhante. As claras se tornam nuvens de proteína "chocas" ao escaldarem no que ele chama de "leite de caranguejo", uma infusão dos crustáceos com leite que também foi temperada com trufas. Um único ovo em neve vai sobre uma salada de carne de caranguejo com pedaços de trufa e molho. E se tudo isso parece razoavelmente ortodoxo, ainda que um tanto extravagante, a surpresa é o que está por vir. Os outros elementos do prato incluem o que ele chama de filigrana "à crispbread", feita principalmente com chocolate extra-amargo de primeira qualidade. Mas há ainda melão-de-são-caetano de duas maneiras – salgado e frito e simplesmente branqueado. A maior parte da tensão do prato se dá entre o chocolate amargo e os ovos nevados, diametralmente opostos no eixo doce–amargo. E, como Tim um dia me disse, quando você começa a comer, a doçura do prato se evidencia no caranguejo e o amargor, no melão-de-são-caetano. Mas este é o fator-chave: a filigrana derrete, escorre pelo prato e mistura-se ao molho no fundo da tigela, que por sua vez se torna mais substancioso e amargo. E, nas palavras de Tim, "você se pergunta o que está acontecendo".

É um prato genial, pois pela primeira vez (que eu saiba) foi incorporado um elemento temporal à criação gastronômica. Em resumo, os sabores proporcionados pelo prato variam de acordo com o tempo. É por isso que o associei à narrativa de uma história, e espero que Tim incremente a idéia o máximo possível nos próximos anos. Até meados de 2004, era possível comer os ovos nevados do Tim no Claude's. Mas, depois de dez anos como proprietário e dezesseis ao todo no restaurante, ele o vendeu.

020 frango assado no Zuni Café

Na virada dos anos 1990, decidi conferir do que se tratava todo o rebuliço em relação à Califórnia. Em todo lugar se falava da "cuisine" californiana. Assim, passei duas semanas em Los Angeles e San Francisco, experimentando os mais respeitados restaurantes da Costa Oeste. Admito que viajei com certo preconceito – do mesmo modo como os advogados raposas nunca querem admiti-lo iniciando suas cartas com os dizeres "sem preconceito". Eu sabia o quão rapidamente a culinária australiana estava se desenvolvendo e acreditava que a cozinha californiana só se fizera conhecida no mundo todo devido à influência cultural e às grandes habilidades de marketing dos americanos. Admito também que estava um tanto indignado: nada poderia ser tão bom quanto o que fazíamos na Austrália, pensava eu. Era capaz de dizer precisamente o que era a culinária australiana, mas me perguntava se existiria uma definição para a tal *cuisine* californiana.

Deixei a Costa Oeste desapontado. Não só ninguém conseguiu me dizer o que caracterizava a assim chamada culinária californiana, como também a maioria dos estabelecimentos onde comi, supostamente os melhores, foi, na minha opinião, bastante comum. Faltava movimento aos sabores. Mas um restaurante – um prato – se destacou: o Zuni Roast Chicken, frango assado em forno a lenha, que é a marca registrada do Zuni Café, na Market Street em San Francisco, onde Judy Rodgers explorava as experiências que teve na cozinha dos Troisgros, em Roanne (ver "Salmão com azedinha"), e com Alice Waters, na própria San Francisco. O frango do Zuni estava maravilhoso. Gostei tanto que voltei na noite seguinte, só para que me roubassem uma caríssima jaqueta de couro que estava no banco da frente do carro de um amigo. (Rapazes com tacos de beisebol rondavam as ruas naquela noite e a janela do passageiro foi arrebentada. Espero que quem a pegou ainda a esteja usando: foi assinada pelo famoso estilista francês McDouglas, então vai durar a vida inteira; cuide muito bem dela!)

Judy me disse que o segredo era o sal. Se me lembro corretamente, os frangos eram salgados, especialmente por dentro da carcaça, com um dia de antecedência. Utilizar o sal para retirar a água e assim concentrar o sabor é um princípio gastronômico formidável (ver "Berinjela frita"). Depois, ervas frescas picadas misturadas com azeite de oliva são inseridas sob a pele. Os frangos são assados conforme os pedidos – a espera dura algo em torno de 45 minutos – num forno a lenha que ocupa quase todo o piso térreo do restaurante. Uma vez pronta, a ave é disposta em pedaços sobre uma salada toscana. Judy diz que suas influências são principalmente mediterrâneas e, pelo que vi na internet, a salada hoje inclui *radicchio*[5] (tive a impressão de que os que comi eram bastante verdes).

Apesar de ter provado o prato duas vezes, não consigo me lembrar em detalhes do que vinha na salada, tão gastronomicamente dominador era o frango. Mas lembro-me de cubos de torrada de alho, ou talvez pão frito, pinhão e passas, talvez de uvas sultanas ou moscatéis.

Preparo o frango em casa, de memória, com razoável freqüência, mesmo sem ter um forno a lenha. Embebo as passas em vinho do Porto ou de alguma outra variedade de teor alcoólico elevado proveniente do norte do estado australiano de Victoria (o Tokay é sensacional) e, como molho para a salada, acrescento ao líquido azeite de oliva e suco de limão. Procuro compor a salada com a maior variedade possível de folhas e ervas frescas da horta. As ervas são as mesmas que coloco sob a pele do frango. O resultado é sempre sublime e agradeço a Judy pela dica sobre a salgadura.

021 *vincisgrassi* – uma simples lasanha

Não vou me desculpar pelos pratos com miúdos incluídos neste livro. Você vai notá-los de tempos em tempos. Este, em particular, é absolutamente sublime e possui uma única vantagem relevante sobre os outros: você não se dá conta de que está comendo miolos e glândulas de animais. Mas vai se perguntar, mesmo assim, por que o *vincisgrassi* de Valerio Nucci é tão substancioso e cremoso, tão agradável ao paladar e confortante, tão deleitável como uma unção sedutora? É por causa dos miúdos.

---

5 - Originalmente italiano, pertence à família da chicória. (N. E.)

O príncipe Windischgratz, segundo me contaram, foi um general austríaco numa época em que os generais austríacos eram aristocratas, passeavam a cavalo e usavam chapéus engraçados, cheios de penas. Eles provavelmente lutavam contra os italianos e gostavam da comida local. Este prato da Itália Central foi batizado em sua homenagem (o motivo disso perdeu-se na história) e, em Melbourne, na Austrália, foi transformado por Valerio numa receita sublime, que se pode provar, mais recentemente, no Grand Hotel na Burnley Street, em Richmond. (Há tantos "Grand" hotéis, em sua maioria insignificantes!)

Valerio e o sous-chef Leonardo Gelsomino, o homem que faz o trabalho, primeiro preparam uma massa fresca com uma pitada extra de vinho seco fortificado. Depois, fritam os suspeitos aromáticos de costume – cenoura, cebola e aipo – na manteiga com azeite de oliva. Aguardam até que tudo isso esteja praticamente caramelizado para acrescentar uns bons pedaços de carne de cernelha, que é a proteína fundamental do molho. Selam e douram as superfícies da carne antes de adicionar vinho branco, folhas de louro, dentes de alho, tiras de bacon tenro com muita gordura suína e presunto seco. Essa mistura pode muito facilmente ser refogada por 90 minutos ou mais, até que acaba por ficar suave e a carne, macia e despedaçada. Picam muito bem o conteúdo da panela e tornam a refogá-lo, dessa vez com molho de tomate caseiro.

Enquanto isso, preparam miolos e pâncreas de vitela: eles os lavam, removem filamentos e os deixam de molho em água com vinagre, para branqueá-los e remover vestígios de sangue. Os miúdos então são cortados em cubos e acrescentados ao molho. Aí, esses cavalheiros italianos compõem o molho bechamel, que, entre suas muitas funções, liga as camadas da lasanha, e temperam seus ingredientes básicos (manteiga, farinha e leite) com louro e cravo.

Depois de tudo pronto, a lasanha é montada. São quatro camadas de massa, muito molho (e bechamel) entre elas, montes de manteiga, que dão suculência à receita, e parmesão ralado por cima.

Assa-se por cerca de 35 minutos em forno médio. O resultado é extraordinário. Num único parágrafo da primeira resenha que fiz dessa lasanha, exaltei sua "qualidade cremosa de queijo derretido (e sua) suavidade maravilhosa". Trata-se de um conjunto que é "saborosamente sublime". São apenas palavras (eu deveria ser mantido longe de computadores de vez em quando), mas cada uma de suas sílabas é sinceramente verdadeira. Você acreditará quando o provar.

022 ovo poché com polenta trufada

Cozinha-se com os ingredientes que se tem. Paul Wilson, um importante chef, certo dia se deparou com uma grande sobra de polenta trufada. E com ela criou, poucos anos atrás, um dos melhores pratos servidos em um restaurante da Austrália.

Paul, britânico, chegou a Melbourne na década de 1990 para comandar uma nova e moderna brasserie na reformadíssima loja de departamentos Georges. Ícone do comércio, freqüentada pelas pessoas mais refinadas, a Georges também vendia uma seleção de alimentos gourmet. Certo dia, um dos responsáveis pelo estoque pediu uma quantidade excessiva de um tipo italiano de polenta com trufas secas. Era o tipo de produto que Paul chamava de "apelativo", mas que tinha um fino aroma, como diz o pessoal do vinho. (O fungo floral perfumava a polenta.) O único problema é que ela simplesmente não vendia – menos ainda com os preços da Georges.

Era uma pena desperdiçar tudo aquilo e Paul encontrou uma saída óbvia na brasserie. Em restaurantes londrinos, ele havia aprendido a utilizar trufas de maneira simples – fatiadas sobre massas ou ovos caipiras. Então teve uma idéia extraordinariamente simples do que fazer com o excesso de polenta. Por que simplesmente não usar um ovo poché, acrescentar algumas fatias de trufa e um *wafer* de queijo parmesão? Paul afirma que a coisa deu certo logo na primeira tentativa.

Quando a Georges faliu, Paul levou o prato para o radii, o restaurante da rede de hotéis Hyatt. Principalmente por causa do prato e da atenção que ele atraiu à culinária imaculada de Paul, o radii tornou-se logo a brasserie de maior sucesso em Melbourne. O restaurante recebia trufas frescas da Europa duas vezes por ano e as estocava dentro do freezer já na polenta, que seria usada para preparar o carro-chefe da casa. Em 2004, Paul passou a integrar o hotel Botanical, em South Yarra, subúrbio de Melbourne, onde a polenta trufada com ovo poché ainda é um item obrigatório do menu.

Hoje, a polenta perfumada é cozida com parmesão, alho e creme de leite. Um ovo poché quente é colocado por cima e trufas fatiadas frescas se aninham sobre ele. Equilibrada sobre o conjunto, vai uma fatia finíssima de parmesão – na verdade, tão fina que parece ser uma folha de massa. Por fim, o prato é coberto com *beurre blanc* clássico à base de trufa (ver "Um *beurre blanc* de verdade").

Este é um prato extremamente encorpado, mas, ah, tão cremoso e aprazível à boca! Seria loucura não incluí-lo no menu de sua vida pelo menos uma vez.

023 *gâteau* de fígado de frango de Philippe Mouchel

Philippe Mouchel fez seu nome como o chef que fez o nome de Paul Bocuse na Austrália. Confuso? Na verdade não muito, quando você se dá conta de que era Philippe quem cozinhava no quartel-general francês de Bocuse, em Lyon, na França, antes de repetir a dose em Melbourne. Ali, por seis anos a partir de 1991, Bocuse produziu a melhor culinária francesa clássica já vista em Victoria. Era perfeita, exemplificada por itens como um bife refogado servido entre duas fatias de filé com um molho viscoso e fortemente temperado, encimado por um disco de ossobuco levemente salgado.

Depois que Bocuse fechou o restaurante, Philippe se aventurou em empreendimentos menores em Melbourne e Sydney até retornar ao Japão, onde havia trabalhado anteriormente como chef executivo. Hoje, porém, ele, sua esposa japonesa e seus filhos estão de volta a Melbourne – espero que para ficar.

Ele seria o primeiro a dizer que o sublime "gâteau" de fígado de frango servido na brasserie que leva seu nome, às margens do rio Yarra, no sul da Austrália, não foi criação sua. Na verdade, diz ele que esse foi um dos primeiros pratos da *nouvelle cuisine* (ver "Salmão com azedinha"). Philippe acredita que o falecido grande chef Alain Chapel foi provavelmente o criador do prato. Isso teria sido em meados dos anos 1960, em seu restaurante em Mionnay, na França, onde certa vez comi sua celebrada espuma de cogumelos, seguida de galinha-d'angola assada salpicada com vestígios de chumbo (podia-se cuspir os vestígios ou mandá-los para dentro).

Como muitas grandes obras da arte culinária, este *gâteau* é extremamente simples. O realmente difícil, em primeiro lugar, foi inventá-lo. Não tenho dúvidas de que se Chapel ainda estivesse entre nós ele nos diria isso. (Era um homem dogmático, que não gostava muito de jornalistas; certa vez me repreendeu por questioná-lo sobre os efeitos do jornalismo na gastronomia. Havia apenas um tipo de gastronomia verdadeiro, trovejou ele – a "bonne" e servida numa mesa em torno da qual os convivas se sentavam em cadeiras confortáveis, compartilhavam a comida e conversavam.) Na época em que Philippe se familiarizou com o prato, ele já era preparado por Bocuse e vários dos principais chefs na região de Lyon (dentre estes estaria Georges Blanc, que tem um posto oficial na legitimação dos famosos frangos amarelos de Bresse).

Paradoxalmente, os frangos de Bresse produzem um fígado quase branco. Este era utilizado pelos chefs franceses para o *gâteau*, que é basicamente uma musse cozida. Philippe deixa os fígados de molho no leite durante uma noite, a fim de branqueá-los e remover os últimos vestígios de sangue. Depois, eles são misturados a ovos inteiros, ossobuco e leite macerado com alho e o resultado é disposto em fôrmas depois de passado por uma peneira bem fina. As fôrmas são colocadas em banho-maria por cerca de meia hora no forno frio. O resultado é transcendentalmente excelente, uma pequena torre fulva de interior do mais pálido cor-de-rosa. Permita-me citar algumas observações minhas extraídas de uma resenha recente: "Cortar com uma colher através de sua superfície castanho-amarelada, a fim de revelar o interior do mais pálido e mais suave cor-de-rosa, é uma das grandes experiências gastronômicas". Uma vez na boca, experimenta-se um "sabor de fígado maravilhosamente intenso, mas ao mesmo tempo suave, e uma textura uniformemente macia de geléia".

Em Melbourne, Philippe guarnece o *gâteau* com purê de lentilhas salpicado de cubos de cenoura e tiras de bacon crocante. Isso é para manter o preço baixo. Na França, ele é geralmente servido com sopa cremosa de lagosta.

024 lasanha aberta de alcachofra e gorgonzola

As pessoas costumam pensar que estou de saco cheio – como se diz por aí – de comida soberba. Pensam que, só porque sou um crítico gastronômico, devo comer maravilhosamente bem o tempo todo. Provo, de fato, muita coisa da melhor espécie. Mas provo também boa parte do que está bem abaixo da média.

Considero, porém, que os pratos servidos nos restaurantes têm de ser mágicos. O tempo todo. Os chefs têm acesso aos melhores ingredientes e aos melhores equipamentos, além de supostamente saberem todas as técnicas culinárias que permitem preparar algo que verdadeiramente transcende aquilo que se pode fazer numa cozinha doméstica. Ainda assim, apenas muito de vez em quando me vejo provando algo que represente a perfeita magia gastronômica.

Um desses pratos foi a lasanha aberta de alcachofra e gorgonzola de Rick Mikus. Estava sublime, estonteante. Rick não é mais o chef do Sud, em Melbourne, na Austrália, local onde a comi (desde então o Sud já teve outros dois proprietários), mas ele continua na cidade e ainda hei de encontrá-lo e persuadi-lo a preparar novamente esta lasanha.

Ela era apetitosamente simples, mas os ingredientes eram ótimos e a concepção do prato se aproximava da perfeição artística. Basicamente, três grandes folhas de massa eram dobradas no tamanho de um guardanapo e empilhadas em uma tigela com cortes de alcachofra pequena. Rick acreditava que, soltas desse modo, constituíam uma massa "aberta", em oposição à convencional, firmemente estruturada. Folhas secas de rúcula eram salpicadas por cima e o conjunto era regado com um caldo claro, porém encorpadamente saboroso, com notas de queijo gorgonzola.

Nos primórdios do Sud, que oferecia uma das melhores cozinhas latinas de Melbourne, o cardápio mudava quase que diariamente. Rick e seus sous-chefs eram forçados a queimar os miolos para inventar novas criações gastronômicas. É sob tal e tamanha pressão que floresce a grandeza.

A massa fresca do Rick era feita com sêmola, azeite de oliva, ovos e farinha. Ele não se lembra exatamente quando, por que ou como concebeu a inspirada parceria entre a alcachofra e o gorgonzola, mas ela surgiu. Rick recebia regularmente pequenos globos de alcachofra, os quais descascava retirando toda a textura fibrosa e deixando somente um pedaço do talo. Ele costumava escaldá-las e conservá-las em salmoura.

A lasanha aberta era montada na hora – as alcachofras conservadas eram aquecidas com um pouco de alho, chili e azeite de oliva. Uma vez aquecida, a panela e seu conteúdo eram deglaçados com um ou três golinhos de Riesling sul-australiano. O truque – aplicável a todos os acréscimos víneos – era não exagerar na dose (algo que muitos chefs não conseguem entender).

As três folhas de massa imperfeitamente quadradas que já haviam sido parcialmente cozidas vinham em seguida e depois a quantidade exata de gorgonzola. Ele tinha de trabalhar rápido, de modo que o queijo derretesse, mas sem reagir ao processo azedando e suas artérias azuis endurecendo em riscos irregulares nada apetitosos. Para finalizar, um punhado de salsinha.

Para compor o prato, Rick tirava uma folha da panela, punha um pouco de molho, dispunha uma segunda folha, mais molho e, finalmente, a terceira folha e o que restava do molho. Como guarnição, rúcula. E aí, onde é que anda esse sujeito?

025 *fricassée* de porco

Gary Jones é tão apaixonado por seu legado gastronômico que seu endereço de e-mail é "blackpudding" ("morcela"). Embora vindo do cinzento e encardido norte da Inglaterra, Gary, cujo pai trabalhava nas minas de carvão, não se tornou cientista, jogador de futebol ou mineiro – algo que poderia ter acontecido, já que ele era bom nos estudos e nos esportes e seu pai já estava nos negócios locais. Por nenhuma razão aparente, ele se tornou chef de cozinha. Não era o que os rapazes de Yorkshire costumavam fazer, mas Gary gostava de cozinhar e decidiu tentar a sorte na faculdade de gastronomia. Depois de se formar e trabalhar no Claridge's, em Londres, e em grandes cozinhas francesas, tornou-se um chef excelente. Pouco tempo depois, seria um dos maiores da Inglaterra, responsável pela comida que faria famoso o Groucho Club de Londres no começo dos anos 1980. Então ele veio para a Austrália e repetiu suas façanhas por aqui.

Gary trabalhou ou foi proprietário de diversos dos maiores restaurantes de Melbourne e Perth, incluindo o melhor do oeste da Austrália, o San Lorenzo (hoje ele é chef executivo em Queensland). Na maioria desses restaurantes ele incluiu no menu um prato de grande assombro: o *fricassée* de porco.

Muito raramente uma criação culinária revela tanto sobre o indivíduo que a concebeu. Mas o *fricassée* de Gary Jones – à semelhança das "Four dances" de Cheong Liew (ver "Four dances of the sea") – é uma espécie de autobiografia gastronômica.

Com freqüência, os chefs falam apaixonadamente sobre como inventaram um prato ou sobre as circunstâncias que os levaram até ele. Quase nunca escrevem seus pensamentos de outro jeito senão em um monótono catálogo de ingredientes e procedimentos ainda mais túrgidos (meu Deus, como os livros de receitas são entediantes!). Quando pedi a Gary que escrevesse para mim a receita do *fricassée*, não sabia o que esperar. Sabia que seria diferente, mas pensei que provavelmente eu teria de dar uma "apimentada" no texto, como é o caso na maioria dos relatos formais britânicos. Ler o que ele escreveu me trouxe lágrimas aos olhos. Permita-me transcrever quase que literalmente. Um aviso: tenha lenços à mão. Contemple sua poesia comovente.

Antes do prato, havia as memórias – de minha avó cozinhando num fogão a lenha. Freqüentemente ela cozinhava pés de porco, cozidos com legumes frescos, primeiro em fogo alto e, depois, num forno menor para assarem lentamente por horas a fio com a cabeça do porco, que era despedaçada e preparada da mesma maneira. As partes preferidas eram as bochechas e a língua, suculentas, e as orelhas cortadas, cuja carne era comida com mostarda. Lembro-me também do sangue do porco misturado a muitos pedaços de cebola e maçã e cozido numa velha fôrma para bolo no fogão a lenha quando as brasas estavam quase morrendo. Aquilo era comida de verdade, para homens trabalhadores de verdade. Não era o colesterol ou as doenças cardíacas que os matavam, mas a poeira de 45 anos de labuta nas minas de carvão – e, sim, havia gordura animal de sobra. As batatas com repolho tinham de ser fritas na gordura que restava do assado.

Nunca mais vi todas essas coisas juntas em um prato, mas, anos depois, as memórias se tornaram uma idéia. Algumas modificações e nascia um prato capaz de orgulhar o movimento trabalhista. Os pés de porco foram recheados... Com a morcela nada mudou, exceto que a fôrma para bolos foi substituída por uma terrina Le Creuset. As orelhas de porco foram empanadas e fritas após um longo e lento cozimento, para dar textura, e as bochechas foram levemente fritas. As batatas com repolho foram refinadas: agora eram assadas e amanteigadas com cubos de bacon. Este não é um prato para seduzir, mas para atiçar as paixões. É e sempre será um prato de memórias ternas de tempos idos.

Deus, ó Deus, isso não faz a maioria dos esforços literários dos chefs-celebridade e dos críticos gastronômicos parecer medíocre? Antes de entregar o resto do livro para ser escrito pelo Gary, permita-me dizer que os elementos do *fricassée* – uma porção generosa de morcela, bochechas, pés roliços e uma colherada perfeita de batatas com repolho – são dispostos num lago absolutamente límpido de caldo de vitela encorpado e corado. Um prato gostoso de morrer. Simplesmente de morrer! Providencie para que Gary o prepare quando você estiver de partida.

026 sanduíche de peixe de um barco pesqueiro ancorado no estreito de Bósforo

Em certos aspectos, Istambul, na Turquia, é um centro gastronômico mundial. Não que a culinária turca tenha mais ou menos méritos do que outras do Levante – ou de qualquer outro lugar. A questão é que Istambul é uma encruzilhada cultural e isso significa que comércio de todas as espécies passa por ela, e sempre passou. Especialmente o de *commodities*. Assim, é possível ver, no mercado de especiarias, uma variedade ofuscante de temperos que com suas cores por si só já levariam um pintor à loucura. É possível encontrar também caviar por alguns dos melhores preços do mundo (pelo menos em comparação com os da Austrália e de países europeus).

Mas eu insistiria para você visitar Istambul pelo menos uma vez antes de morrer, não só pelo mercado de especiarias ou, é claro, pelos sublimes monumentos arquitetônicos e valor histórico (é possível sentir, por exemplo, a crista misteriosa e bravia formada pelo embate das ondas culturais orientais e ocidentais – está no ar; e, como disse Kenneth Clark, Haga Sofia, que já foi mesquita, igreja e museu durante sua longa vida, é o mais belo espaço coberto do mundo). Sim, visite a cidade por todas essas coisas, mas eu recomendaria Istambul também pelo seu sanduíche de frutos do mar. Barcos pesqueiros ancoram no lado ocidental do estreito do Bósforo, praticamente à sombra das grandes mesquitas. O mar é verde e parece sempre agitado, e essas pequenas e veteranas lanchas de madeira sacodem para cima e para baixo em suas amarras. Com os motores funcionando, lançam cusparadas de fumaça de diesel e na parte traseira do convés de cada uma delas há uma grande churrasqueira básica a lenha, que arrota fumaça e chamas.

A tripulação opera uma verdadeira linha de produção. Um deles fatia em filés peixes prateados parecidos com a cavala, recém-pescados. Outro abre os pães ao meio. Um terceiro pica cebolas e corta suculentos pimentões verdes em bastonetes. Há azeite de oliva em abundância e o perfume dos peixes cozinhando e do azeite queimando compete com o da fumaça de diesel. E os barcos lá, sacudindo para cima e para baixo sem cessar.

O desafio, caso você o aceite, é levantar um dedo – que significa "quero um" – e assistir à tripulação montar o seu sanduíche. Isso vai levar cerca de quatro segundos. Comida rápida? Sim, mas também sublime. O peixe é fresco? Nem pergunte. Seria ofensivo. Você então deve pegar seu sanduíche e pagar – essa é a parte traiçoeira (lembre-se de que os barcos não param de sacudir). É um escambo, na verdade. Um sanduíche de peixe sublime, delicioso, embrulhado em papel pardo, em troca de uma quantia insignificante. Se você já tiver ganhado o ouro olímpico em revezamento, sua habilidade com a troca de bastão será de grande valia. O resto de nós, mortais, apenas tentará fazer o melhor que pode, mas, surpreendentemente, poucos sanduíches de peixe caem no mar. Dinheiro, nem se fala. E o sanduíche é delicioso. Não incite as gaivotas.

027 coalhada com estômago de peixe

A coalhada é um prato favorito da culinária cantonesa. É possível encontrá-la com facilidade nos menus dos melhores restaurantes de Hong Kong, onde às vezes aparece como um tira-gosto e às vezes como sobremesa; é versátil e popular. Quando me deparei com uma coalhada pela primeira vez, imaginei que o leite teria sido sujeito a dois procedimentos que poderiam ou não envolver fervura completa ou incompleta (é ou não é um vislumbre de como a minha mente funciona?). Na verdade, o processo de coalhar leite diz respeito ao método de preparo – num recipiente qualquer disposto sobre água fervente.

A culinária cantonesa prescreve que o leite é coalhado para que fique encorpado e (levemente) engrossado. Mas, por nenhuma razão química aparente que eu conheça, ele também adquire uma brancura ofuscante. O sujeito quase precisa de óculos de sol para comê-la (ver "A dama de cor-de-rosa").

Em visitas a Hong Kong, eu havia visto coalhada com uma variedade de pescados no menu de inúmeros restaurantes. Porém, foi necessária muita coragem para pedi-la, o que por fim eu fiz em um dos estabelecimentos mais conceituados e respeitados da região. E o prato que pedi foi coalhada com estômago de peixe. Os dicionários nos ensinam que o estômago é um órgão do tubo digestivo, ou seja, ligado à garganta, lábios, boca ou cavidades orais dos animais. Contudo, descobri que estômago de peixe é, na verdade, a bexiga natatória dos peixes. Pelo menos é o que me disseram, posso estar redondamente enganado. Com certeza não sou nenhum especialista em anatomia. De qualquer maneira, o estômago de peixe é cartilaginoso e esverdeado quando cozido.

É muito caro e deve ser preparado com pelo menos dois dias de antecedência. Assim como boa parte dos frutos do mar usados na culinária chinesa, é trazido seco para a cozinha. Imagino que pareça com pequenos filetes irregulares de alga marinha ou fungos, sem graça, com tamanho próximo ao da metade de um dedo. É deixado de molho por uma noite inteira e então fervido por duas horas, cuidadosamente lavado, enxaguado e depois novamente deixado de molho por uma noite inteira e fervido. Resulta em extensões de um limo cartilaginoso, as quais são acrescentadas à coalhada adoçada, compondo um adorável pudim.

Nojento? Sim, quando se olha a massa de vestígios de estômago de peixe de cor azul-esverdeada flutuando sobre o leite turvo. Mas prove-o e ali haverá um toque sutil e nem um pouco revoltoso do mar no próprio leite. E você pode comer ou não as bexigas cartilaginosas. Comida digna de Rambo.

028 lombo de porco assado em conserva do Roi

O Roi's Diner fica no belíssimo Kiewa Valley, em Victoria, na Austrália, onde você poderia dar alegremente o seu último suspiro – depois de ter comido a maravilhosa costeleta de porco do Roi, sem dúvida a melhor do mundo, no que me diz respeito. Há vários pratos excelentes com porco assado e este é um deles.

Roi Rigoni cozinha profissionalmente há mais tempo do que eu escrevo sobre gastronomia, zomba ele. Assim, ele teve muitíssimo tempo para aperfeiçoar este prato, que é tão sublime quanto pouco gracioso. As etapas de encontrar um bom porco, matá-lo e estripá-lo, ele deixa para um amigo açougueiro local, em Tawonga Victoria. Seguindo as especificações de Roi, o açougueiro conserva o lombo do porco por dois ou três dias em salmoura e suco de abacaxi, em proporções evidentemente secretas. Quando Roi assume o comando, corta a gordura em linhas paralelas com um estilete e esfrega a pele do animal com sal marinho. Ele então assa o lombo por cerca de duas horas em fogo médio, naquilo que ele especifica como uma fina película de azeite de oliva, e depois o deixa em repouso por quatro horas antes de assá-lo uma segunda vez, regando-o com caldo caseiro num forno quente por mais 90 minutos. Depois disso, suspeito que a carne do músculo esteja tão macia que já virou praticamente geléia. Roi, de qualquer modo, acredita que só nesse ponto o lombo está digno da preparação final para seu prato.

Pelo menos um dia se passa até que o lombo refrigerado e macio seja servido no restaurante. Quando um pedido é feito, Roi corta uma posta dessa estrutura já encorpada, cobre ambos os lados com manteiga, tempera e assa por 15 minutos em forno quente. E é basicamente isso, no que diz respeito à posta. As guarnições, porém, são cruciais.

Elas incluem chucrute – um industrializado de boa marca serve – refogado no líquido da bandeja do assado e purê de batatas. Mas a brilhante tiara com que Roi veste a posta é o que a torna tão absurdamente especial, a meu ver: consiste em rodelas de maçã Pink Lady (ver "A dama de cor-de-rosa"). Roi descaroça as maçãs, mantendo as cascas, e então as fatia fina e cuidadosamente. As fatias são fritas na manteiga com açúcar e uma ou duas gotas de água. Derrete-se a manteiga em fogo baixo. Quando começa a borbulhar, lá vão as fatias de maçã para serem cozidas "agressivamente", segundo Roi. O líquido evapora e o que resta são arcos translúcidos de maçã de uma coloração verde-claro semelhante à dos vitrais das mais esplêndidas catedrais góticas da Europa. Posso garantir que seus pensamentos se tornarão espirituais, de qualquer modo, ao devorar a posta de Roi. É maravilhosamente densa, levemente salgada e saborosíssima. Da última vez que a comi, veio acompanhada de uma tira de torresmo tão leve e crocante que poderia ser merengue de carne de porco.

029 *parrillada* em Buenos Aires

Vegetarianos, afastai-vos, pois esta é uma experiência exclusivamente para os carnívoros. Os argentinos comem mais carne do que os nativos de qualquer outro país. Suas churrascarias – ou *parrillas* – não são para os fracos à mesa. Até mesmo em meio aos terríveis problemas políticos do final da década de 1970, estavam sempre cheias de vida e clientes ávidos. Minha única visita à Argentina ocorreu durante esse período e a memória duradoura do medo palpável com que os argentinos comuns eram confrontados diariamente corre paralela às imagens indeléveis das *parrillas* onde comi.

Era impossível não notá-las. Carcaças inteiras de cabras, carneiros e porcos (acabei aprendendo) eram assadas nas vitrines. Havia um cone de carvão em brasa enorme e alto em torno do qual os animais assavam, abertos em longas hastes de metal apoiadas em diversos ângulos em direção às chamas incandescentes.

Havia então os braseiros, aproximadamente do tamanho de duas caixas de sapato empilhadas. Repousavam sobre a mesa enquanto, presumivelmente, um caminhão de bombeiros deveria estacionar do lado de fora. A entrada, se me lembro bem, era composta por bocados de carne de várias e indefinidas identidades (desde então, descobri que posso ter comido intestinos, úberes, testículos de cordeiro e pâncreas na capital argentina sem saber). Os mais comuns são pedaços de frango, porco e rim de cordeiro. De qualquer modo, os braseiros continham uma grossa camada de carvão e você mesmo assava a carne até o ponto desejado, numa grelha cerca de meio palmo acima.

Uma *parrillada* argentina é o churrasco *in extremis* (ver "Escalopes de cordeiro assados..."), todavia inesquecível. Não tenho absolutamente lembrança alguma do que acompanhou a carne – acho que podem ter sido saladas – ou o que bebemos com ela. Mas lembro-me bem de que a carne era sublime e os petiscos iniciais agradáveis, de variados sabores e texturas intrigantes e deliciosas. A Argentina é um destino extremamente popular entre os brasileiros hoje em dia, então não deixe de experimentar o que pode vir a ser a melhor refeição carnívora da sua vida. Depois dela, você não vai ansiar por nenhuma outra.

030 museo del jamón

Não sou capaz de expressar como é difícil comer refeições acima da média nos restaurantes europeus. Países como a França, a Espanha e a Inglaterra precisam de críticos gastronômicos mais duros, que entendam de comida e estejam preparados para berrar: "Ei, aquele imperador ali está nu!". Apenas alguns poucos dos melhores restaurantes servem pratos que se equiparam em refinamento e sofisticação aos dos estabelecimentos mais conceituados da Austrália. E são muitíssimo mais caros.

Recomendo, porém, o presunto espanhol da rede Museo del Jamón, em Madri, na Espanha, cujo slogan está correto: são os museus "mais saborosos" da capital espanhola. Recentemente, procurei por eles na Andaluzia – Sevilha e Granada. Minha busca foi em vão, principalmente devido aos evidentes planos de marketing da companhia de conquistar Madri primeiro.

Estive em dois "Museos" e ambos foram uma delícia. São lugares simples, bem iluminados e animados, com peças de presunto de todos os tipos e qualidades penduradas aos montes pelas salas de jantar e bares. No site da companhia é possível ver o trabalho a que se prestam para selecionar os porcos e produzir os presuntos. Os Museos del Jamón oferecem muito mais opções do que apenas presunto, é claro. Há café-da-manhã, sanduíches, pratos combinados, *paella*, opções de tapas e vários menus fixos. Sugiro, porém, que se provem os presuntos ao estilo *prosciutto*; são os de melhor custo-benefício e ninguém tem de cozinhar nada. Por uma quantia bastante razoável, tem-se uma grande pratada de fatias, acompanhada por pão francês. Sem manteiga. Quando perguntei o motivo, simplesmente me disseram que não o faziam. E pronto. Peça um bom vinho branco para acompanhar o presunto e deleite-se com as texturas e sabores salgados, adocicados e densos de uma das melhores carnes de porco defumadas do mundo.

O presunto mais caro supostamente propiciaria a melhor experiência gastronômica. Mas faça experimentos e encontrará algo que o deleite, possivelmente por um preço menor.

031 massa à marinara no La Luna

Indague uma italiana e ela certamente terá uma receita tradicional de massa à marinara, segundo o que me disseram. Será diferente da que as mulheres usam no vilarejo vizinho, mas produzirá uma autêntica massa à marinara, a única e verdadeira. Esta pode incluir anchovas ou sardinhas, pode até ser encorpada com creme de leite ou um molho *velouté* e incluirá, quase com certeza, tomate e ervas. Mas muito provavelmente não será o prato multifacetado de massa com frutos do mar tão adorado na Austrália. Na Itália, a versão australiana da pasta marinara seria considerada excessiva e exorbitante (e seria difícil encontrar os frutos do mar).

Em grande parte, é por isso que gosto da versão australiana. Permita-me recomendar a melhor que conheço. É aquela servida no La Luna Bistro, em Melbourne. É ótima por mesclar frutos do mar locais e massa fresca (ver "Massa fresca caseira"), uma das combinações mais primorosas do Paraíso gastronômico e atualmente em cartaz na Terra em temporada estendida.

O chef proprietário do La Luna, Adrian Richardson, vai a distâncias consideráveis para manter a vivacidade e a consistência de seu prato. Ele e sua equipe preparam massa fresca com ovos caipiras e farinha a cada dois dias (no mínimo) e depois penduram o fettuccine – ou tagliatelle, pappardelle, as fitas são à sua escolha – em prateleiras especiais para secarem parcialmente na geladeira. O milagre da massa fresca é preservado, diz Adrian, quando se garante que as fitas da massa não fiquem secas demais e cozinhem rapidamente.

Seu molho à marinara tem como protagonistas dois frutos do mar locais – que não são nada antagônicos e, sim, complementam a atuação um do outro de forma tão satisfatória quanto as duas grandes vozes do dueto nas profundezas de um templo em *Os pescadores de pérolas*, de Bizet. São o mexilhão-azul local (ver "Mexilhões ao vapor") e a lula (ver "Lula fresca preparada na panela wok"). Adrian tem um meio de comprovar se as lulas que ele obtém de fornecedores de confiança foram pescadas nas últimas 24 horas: dar pancadas nelas. Se os nervos sob a pele ainda estiverem funcionando, diz ele, as lulas ficam brevemente transparentes. E os mexilhões devem estar completamente fechados. Às vezes ele acrescenta cubos grandes de peixe fresco à mistura e prepara seus próprios tomates secos – um ingrediente essencial – sobre uma prateleira em cima do fogão.

Quando há um pedido, vão para a panela azeite de oliva, alho picado e chili ("sem timidez", diz Adrian). Quando o alho começa a dourar, acrescentam-se as lulas – anéis e tentáculos. Os mexilhões vêm logo a seguir e a fritura não leva mais do que um minuto, às vezes com a panela tampada para abrir os bivalves mais teimosos. Enquanto isso, uma porção de massa é colocada em água em fervura lenta e fica pronta em um minuto. Acrescentam-se a massa e os tomates à mistura na panela e o último ingrediente propriamente dito é um bom punhado de salsinha picada. Os temperos vêm em seguida, é claro, e o principal deles é a pimenta-do-reino moída. "É tudo bem simples", diz Adrian. Sou capaz de pensar em outra palavra com "s" para a descrição: sublime.

032 *pho*

Primeiro, peço desculpas pelo fato de as palavras vietnamitas entremeadas no texto a seguir não estarem decoradas com os elegantes acentos de sua grafia correta. O "o" da própria palavra *pho*, por exemplo, é incrementado com um minúsculo ponto de interrogação acima dele e acrescido de uma vírgula que se une a ele próximo à posição das duas horas.

A pronúncia de *pho* é quase como a da sílaba "fo". Trata-se do caldo diário que sustenta a moral, a saúde e a dignidade de uma nação cuja história é marcada pela invasão. Muitas nações têm suas sopas, mas nenhum outro *potage*, *chowder*, *bouillon* ou *consommé* que eu conheça teve uma conferência organizada em sua homenagem (ninguém sabe ao certo a derivação do *pho*). Nenhum outro caldo foi tão defendido em livros e panfletos pelo excelente chef francês Didier Corlou, chef executivo do Sofitel Metropole, em Hanói. Sua esposa é vietnamita e ele está a caminho de sua segunda década no Vietnã. De fato, Didier passou a maior parte desse tempo estudando a culinária vietnamita e suas combinações peculiares de ingredientes frescos maravilhosos e especiarias. Passe duas horas em sua companhia e estará convencido de que o *pho* é obra de um gênio. Devo boa parte do conteúdo deste capítulo a suas pesquisas.

Normalmente, o *pho* é um caldo de carne, mas em algumas partes do Vietnã também é feito à base de ossos de frango, porco ou peixe e/ou carne. Além do caldo, porém, há outros ingredientes essenciais. Antes de mais nada, macarrão de arroz fresco. Gengibre envelhecido frito e cebola, que dão cor e sabor, também são obrigatórios. Vêm então as especiarias: anis-estrelado, canela e o que Didier Corlou chama de cardamomo "negro". Por fim, os elementos frescos do tempero – a marca de excelência da cozinha vietnamita – são também essenciais: o sumo de limões verde-escuro pequenos, cebolinha verde, coentro e o que Didier chama de hortelã "doce". (Há tantas ervas no Vietnã... Você verá, por exemplo, aneto e manjerona, bem como diversos tipos de hortelãs. Cada uma possui um sabor distinto e quanto mais frescas as folhas, melhor). O *nuoc mam* (que também leva acentos decorativos maravilhosos quando grafado devidamente) é o molho tradicional vietnamita, feito com peixe fermentado em sal. Suas propriedades delicadas, salgadas e discretamente rançosas parecem catalisar o melhor dos outros ingredientes – e da mistura em si. E, por fim, rodelas de pimenta fresca, que pode ser vermelha, cor de laranja ou verde.

Didier Corlou afirma que o *pho* – ou melhor, a miríade de versões de *pho* – é a melhor sopa do mundo, superando até mesmo as da sua Bretanha. A maioria dos vietnamitas a toma pelo menos uma vez ao dia, a qualquer hora, mas freqüentemente no café-da-manhã. Em Hanói, o consumo de *pho* é uma parte importante da cultura da cidade. É um tônico, e centenas de restaurantes – muitos deles compostos simplesmente de uma panela com líquido fervente na calçada, ingredientes espalhados em tigelas ao redor e uma cozinheira agachada ao lado do caldo – são especializados no prato.

Nguyen Dinh Rao, gastrônomo de 70 anos e presidente do Clube de Gastronomia da Unesco, em Hanói, conta que o *pho* surgiu nos primeiros anos do século passado em Nam Dinh, uma cidade industrial a cerca de 80 quilômetros ao sul da capital, para alimentar os trabalhadores, burocratas e tropas francesas e vietnamitas levadas para lá. Ele afirma que a população "mista" se voltou para suas raízes gastronômicas para inventar o *pho*, uma vez que as receitas rústicas locais, tais como um tipo de mingau de arroz, seriam substanciosas demais e menos interessantes. O caldo original era feito de ossos bovinos e pitus; a carne foi acrescentada pelos europeus; o macarrão era local e o conjunto final representava uma espécie de manifesto culinário tanto pan-vietnamita como internacional. O poeta Vu Quan Phuong disse que ainda que o *pho* tenha origens internacionais, sua essência vietnamita permanece. Ele acreditava que o *pho* "constituía metade do orgulho nacional vietnamita; a outra metade (seria) a guerrilha popular".

Embora os especialistas concordem quanto à sua importância para o povo vietnamita, o nome pode ter vindo diretamente do francês. Os primeiros vendedores de *pho* eram mascates que perambulavam por alamedas estreitas carregando um fogareiro numa das extremidades de uma cangalha, contrabalançada pelos ingredientes do *pho* na outra. Acredita-se que eles gritavam "feu!" ("fogo", em francês), possivelmente como medida de segurança, mas também para apregoar a sopa. Devido ao idioma étnico tonal que falavam, a pronúncia pode ter sido mais alongada do que a estalada exclamação francesa "feu". Daí a pronúncia próxima de "fo", ou "fô", como preferir. Outras fontes dizem que a origem do nome está no próprio caractere chinês – não se sabe se seria cursivo, clássico ou clerical. Ainda outra fonte sugere que o *pot-au-feu* francês, o tradicional cozido de carne com legumes aromáticos, teria inspirado o *pho*.

Existem exemplos ainda mais elaborados e ricos de *pho* em países desenvolvidos, tais como a Austrália – e são excelentes. Mas deve-se realmente provar o *pho* em Hanói, onde ele é o equivalente ao arroz com feijão, ao filé com fritas, à vida cotidiana. O escritório da Comissão Européia na capital e o Sofitel Metropole uniram forças para listar 80 fornecedores de excelente *pho*. Foi produzido um panfleto com um mapa. Simplesmente escolha um, recuse-se a ser enjoado, esqueça as sutilezas sanitárias ocidentais, sente-se numa cadeira de plástico baixa ou num banquinho plástico da altura de um sapato e peça: "*pho*". Dentro de minutos, uma tigela cheia de caldo e seus acompanhamentos estarão à sua frente. Didier Corlou dá os detalhes do ritual: esprema o suco do limão, acrescente as rodelas de pimenta e então misture a sopa com seus hashis. Traga a tigela à boca e se ocupe do macarrão enquanto toma o caldo com uma colher de cerâmica (as de metal não são recomendáveis "por serem frias", afirma ele). Assim, estará consumindo não só algo absolutamente delicioso, como também compreendendo uma cultura um pouco melhor. Deve-se dar cabo do macarrão em cinco minutos, já que depois desse tempo ele incha e perde a textura. Pague – geralmente um dólar ou menos – na saída e apanhe um palito de dente.

Há razões militares, demográficas e políticas excelentes para o sucesso do Vietnã contra o poderio americano. Mas quem provou *pho* nas ruas de Hanói sabe que o Tio Sam poderia ter tentado por milhares de anos e nunca conquistaria os vietnamitas. Tenho na cabeça a imagem de um sujeito vietnamita qualquer, nas trincheiras, tomando *pho*, fortificado por tudo o que o caldo representa. E outra de um fuzileiro naval inflexível mastigando o melhor que a indústria de alimentos processados americana pode prover – misturas condensadas abarrotadas de nutrientes, triunfos do prazo de validade e da concessão gastronômica. Seguidas de um chocolate Hershey's.

033 vitela à moda mongol no Babka

O Babka é o café mais brilhante que conheço. Não bastasse o café e os doces serem soberbos, ainda por cima serve, até as 18 horas, pratos de bistrô que fariam inveja a qualquer outro restaurante.

O Babka começou como uma padaria independente de propriedade de Sasha Lewis e seu filho Niko, que comandava os fornos. Mas o lugar modesto e minúsculo logo foi obrigado a oferecer mais, simplesmente por causa de seus produtos magníficos. Conseqüentemente, sopas e pratos "úmidos" – guisados, refogados e bolinhos – foram acrescentados ao menu. E houve também uma inclinação russa, uma vez que os pais de Sasha eram imigrantes russos. Pratos como o *borscht* (sopa de beterraba) e *pel'meni* (bolinhos de cordeiro) são fantásticos.

No final das contas, foi bem fácil escolher a melhor opção para provar antes de expirar – algo que você realmente deve fazer também (a parte do provar... Quer dizer, morrer também, um dia, mas não tão cedo, espero). Trata-se da vitela "à moda mongol", assim chamada pelo fato de a Mongólia estar localizada entre a Rússia e a China. É um prato estupendo, que demonstra um *rapprochement* não apenas político, mas também gastronômico.

Sasha e seu chef Michael McGinlay vinham havia algum tempo preparando ensopados de vários tipos de carne num caldo de influência chinesa, com molho shoyu e açúcar de palma temperado com canela, anis-estrelado e sementes de erva-doce. O resultado de que mais gostaram foi o obtido com um corte básico de vitela – cachaço ou pá. Trata-se de uma parte fibrosa do animal, que era enrolada e amarrada firmemente e então fervida no caldo por cerca de duas horas. Depois disso, a carne assumia um sabor maravilhoso e uma textura de derreter na boca.

Sasha então percebeu que, quando o caldo era esticado e esfriado, transformava-se numa bela geléia âmbar (a vitela libera porções gelatinosas ao cozinhar). Por que não servir grandes cubos de geléia fria com a vitela? Michael imaginou que um bolo neutro de cevada seria capaz de absorver esses sabores e pôs-se a criar um com cevada, caldo de galinha, folhas de coentro e cebolinha verde. Discos secos e achatados desse "mingau" seriam fritos em azeite de oliva imediatamente antes de servir.

E assim surgiu o prato. São quatro maravilhosos bifes grossos de vitela embebidos no caldo e aquecidos. Vêm apoiados numa grande "cuia" de bolo de cevada, acompanhados de cubos de geléia fria. Metades de bulbos de erva-doce cortados verticalmente completam o quadro. A rotatividade dos pratos do Babka é alta, então é bom telefonar para saber quando este estará em cartaz novamente.

034 pepino-do-mar e lábios de tubarão salteados em óleo de cenoura

Esta mistura cartilaginosa criada por Cheong Liew (ver "Four dances of the sea") leva mais tempo para ser preparado do que qualquer outro prato neste livro. Não revelarei os detalhes, suspeitando que quase todos vocês optarão por não montar este pequeno número culinário em casa.

Cheong utiliza lábios de tubarão verdadeiros e pepinos-do-mar verdadeiros. Estes últimos são aqueles animais que se parecem um pouco com um pedaço de dois palmos de mangueira de bombeiro. Cheong os importa secos da China; os pepinos-do-mar inteiros chegam encolhidos, do tamanho de linguiças de churrasco. Passam-se muitas e muitas horas na preparação inicial dessas iguarias incomuns, principalmente em sua limpeza e reidratação. Já os lábios são mais fáceis. São deixados de molho na água e fervidos lentamente por várias horas antes que Cheong e sua equipe raspem qualquer vestígio de pele e retirem "tudo o que não é cartilagem". Uma vez prontos, são cortados em bastonetes e fervidos lentamente mais uma vez em água com sal, molho shoyu, gengibre, vinho de arroz e cebolinha verde, por mais 25 a 35 minutos. Um enxágüe de água fria revigora os lábios, tornando-os firmes para a preparação final.

Os pepinos-do-mar são recolhidos de águas profundas, principalmente em torno das ilhas ao norte da Austrália. Cheong diz

75

que há três variedades básicas: os lisos, os de superfície rugosa (lembrando mamilos) e os com espinhos. As duas últimas são as melhores, segundo ele. Mas, levam-se três dias para prepará-los para a panela – tostando-os, deixando-os de molho e raspando-os repetidamente. É preciso tostá-los em fogo alto primeiro. São escovados, deixados de molho e raspados muitas e muitas vezes e, quando estiverem prontos para uma última fervura lenta, estarão duas vezes maiores do que quando secos. São, então, mais uma vez fervidos lentamente – o que Cheong chama de "vaporizar" – numa mistura de água, shoyu, vinho de arroz, gengibre e cebolinha verde. Depois de prontos e esfriados, são cortados em bastonetes pouco maiores do que os pedaços dos lábios de tubarão.

O óleo de cenoura é feito fervendo-se lentamente um óleo neutro de qualidade – como, por exemplo, de amendoim, uva ou girassol – com cenoura ralada até que as tiras de cenoura encrespem e flutuem no óleo. O legume acrescenta não apenas uma coloração alaranjada-dourada brilhante, como também uma sedutora doçura.

Quando o prato é pedido, os bastões de lábios e pepinos-do-mar são fritos em panelas wok no óleo, com pedaços de cenoura, brotos de bambu, shiitake, pasta de conserva de pimenta no vinagre, um pouco de açúcar, shoyu e vinho de arroz, para flambar. Pequenas porções de molho de ostras, cebolinha verde e folhas do miolo do aipo fritas crocantes são acrescentadas por último.

Talvez por ser um prato tão exótico – os lábios e os pepinos são viscosa e suavemente gelatinosos e, por si só, razoavelmente insípidos –, meia dúzia de vieiras levemente refogadas são acrescentadas também, para firmar as texturas e dar doçura e sabor. O resultado, pelas vezes que provei, é oleoso, apimentado e adocicado, algo gelatinoso, complexo e completa e absolutamente maravilhoso. Você pode não gostar da cara do prato, mas depois que o experimentar, vai devorá-lo numa velocidade inesperada.

035 pato laqueado à Pequim

Em 1985, na época de minha visita, Pequim já contava com muitos restaurantes especializados em pato laqueado. Pareciam pequenas fábricas de tecido. De cor cinza, se me lembro bem, eram fortalezas de três ou quatro andares erguidas em esquinas frenéticas. E os nomes eram freqüentemente repletos de ironia; recordo-me do Pato Doente e do Pato Azulado. Ia-se em grupos para comer numa sala grande e sombria com uma enorme mesa redonda no centro. Amendoins – e picles, pelo que me lembro – abriam a cerimônia, precedendo os patos reservados para o grupo. Li certa vez – provavelmente nos primeiríssimos anos em que a China escancarou os portões para os turistas estrangeiros – que uma dessas fábricas de pato laqueado havia intoxicado um grupo inteiro de alemães, alguns deles fatalmente. As autoridades fecharam o local e passaram-se muitos anos até que fosse reaberto.

A popularidade do turismo na China e do prato mais tradicional de sua capital cresceu de tal modo que aconteceu o óbvio: hoje, proliferam cadeias de restaurantes de pato laqueado. Aparentemente, a mais popular é a Quan Jude, que treina seus cozinheiros e funcionários, cria seus próprios patos e produz seu próprio molho secreto. Tudo isso soa terrivelmente capitalista no maior Estado comunista do mundo: McPato no lugar de McDonald's.

Na Austrália, inúmeros restaurantes servem pato laqueado e, pela minha experiência, o que servem é muito bom. Nos mais simples, acompanham várias panquecas de trigo pequenas e translúcidas, com as quais se envolvem lascas crocantes de carne de pato, tiras de pepino e cebolinha verde e um molho forte de ameixa. Em lugares chiques, só a porção de panquecas sozinha pode ser bem cara. Em outros, paradoxalmente, paga-se uma soma relativamente modesta para participar do espetáculo gastronômico completo do pato laqueado. Destes, o Old Kingdom, em Melbourne, na

Austrália, a meu ver está entre os melhores. Comer pato laqueado à Pequim em seu ambiente bastante gasto (guardanapos de papel cor-de-rosa e papel de parede manchado e descascado) é uma experiência simplesmente gostosa de morrer (isso mesmo).

O proprietário Simon Lay pede que as reservas sejam feitas com um dia de antecedência – não chegue do nada, para não pagar o pato (não pude resistir ao trocadilho). Então entra em ação no preparo do pato. Homem de humor discreto, Lay afirma contar com três fornecedores dessas aves domésticas – um deles seria o Jardim Botânico! As cavidades dos patos são preenchidas com gengibre, cebola, anis-estrelado e cinco especiarias chinesas, e depois costuradas. Ar é bombeado pelo pescoço para separar a pele da carne. Um mergulho em água bem quente vem em seguida e depois é aplicada uma cobertura de vinagre e extrato de malte. Os patos passam a noite pendurados e, no dia seguinte, são assados e costurados ainda pendurados.

Vão à mesa inteiros. Simon Lay delicia-se desmantelando cabeças e asas antes de cortar finas fatias com seu afiado cutelo chinês. A pele bem tostada é muitíssimo fina e frágil, protegendo uma camada de gordura suculenta, que cobre a carne tenra e saborosa. Procure na internet ou em livros de receitas para encontrar muitas variações mais complexas desse tema básico – provavelmente várias delas trarão resultados deliciosos –, mas o Old Kingdom ganha no custo/benefício. Quando terminam as fatias de pele e carne, suficientes para cerca de uma dúzia de panquecas, Lay retira-se com a carcaça. O restante da carne (uma quantidade bastante considerável) é removido e frito com aromáticos, brotos de feijão e cebolinha verde, o que já é um segundo banquete em si. Algum tempo depois, vem a partida final, um caldo encorpado contendo pedaços de tofu, verduras variadas e juntas de pato.

No início da refeição, você pode optar por arroz no vapor ou frito, mas na verdade nenhum dos dois é necessário. O pato à Pequim do Old Kingdom já é um banquete dos deuses. Porém, como já disse antes, prove-o aqui na Terra primeiro: não dá para saber se ele estará à disposição lá em cima também. E, é claro, alguns de nós estão mais inclinados a descer do que a subir nos portões da moral.

036 panqueca de ostra no Way Kee

Só de encontrar este lugar você já terá se saído bem. A recompensa é simplesmente primorosa – uma das melhores refeições do mundo. Outros cafés básicos de Hong Kong, na China, fazem panquecas de ostra, mas as do Way Kee são inigualáveis.

O famoso mercado noturno da cidadela proibida de Kowloon é o lugar para se ir, e não apenas pelas panquecas de ostra do Way Kee. Nele também se acham relógios de bolso com a figura do camarada Mao, que acena para você (e, presumidamente, para uma multidão em algum lugar) a cada tique-taque dos ponteiros. É possível inspecionar uma diversidade ofuscante de bugigangas e quinquilharias, sem falar de roupas, calçados, lanternas, facas e brinquedos. Quando estiver exausto de tanto comprar, uma panqueca de ostra estará a postos para reanimá-lo.

Leve um habitante local com você, pois não sou capaz de lhe fornecer a localização exata do Way Kee na rua do Templo, apenas a indicação vaga de que o café se encontra mais ou menos na metade da rua no seu lado oeste. Você notará um estabelecimento aberto estreito, cujo visual dificilmente irá fasciná-lo; muito pelo contrário – deixe a higiene de lado! Passe rapidamente pela wok transbordando de óleo fervente à porta e garanta seu banquinho velho e cambaleante numa mesa de acrílico gasto.

As panquecas do Way Kee são feitas na hora. Assistimos a uma concha de massa, cerca de uma dúzia de ostras e uma porção de cebolinha verde se transformarem em uma única panqueca. As panquecas são no mínimo da espessura de um dedo, crocantes por fora e a meio caminho entre líquidas e sólidas por dentro. As ostras que as incrementam são muito saborosas e de textura macia e suave. Acompanham chili encorpado e ramos frescos de coentro.

037 salada de macarrão de coco
com barriga de porco ao chili no Fenix

Há um livro que explica por que a culinária australiana é a mais cativante do mundo e foi escrito por mim. Sem voltar ao tipo de detalhe que expus em *Advanced Australian Fare*, permita-me dizer apenas que nenhum outro estilo gastronômico nacional levou tão longe a idéia de culinária livre, que começou realmente com o reconhecimento da *nouvelle cuisine* em 1973, quanto o australiano. Por uma série de razões, os chefs australianos se tornaram mestres em utilizar todo e qualquer ingrediente e técnica apropriados para criar combinações notáveis e originais – eles ultrapassaram ainda mais os limites.

E ninguém o fez com mais competência do que Raymond Capaldi, chef e co-proprietário do Fenix, em Melbourne. A meu ver, sua salada de macarrão de coco com barriga de porco ao chili se tornará um clássico australiano. Raymond explicou-me gentilmente a receita – isso levou cerca de 20 minutos e, se eu tentasse reproduzi-la aqui, cometeria erros. Assim, vou apenas apresentar o essencial.

O prato foi inspirado em uma receita de macarrão de coco de um restaurante chamado Thy Thy, na Victoria Street, um grande distrito vietnamita. Raymond gostou tanto que quis usá-lo como base para ingredientes complementares e para o que pode ser educadamente denominado refinamento ao estilo "restaurantesco". De qualquer modo, a entrada que chega à sua mesa no Fenix é um alto cone central de caracóis de macarrão brancos como a neve. São frios e no meio e em torno deles há cubos quentes de barriga de porco delicadamente apimentados. No prato, uma camada de óleo de chili e uma emulsão agridoce absolutamente fantástica, "com notas de um sabor característico de *laksa*" (sopa típica da cultura peranakan), como escrevi na minha primeira resenha do prato. Depois do macarrão chega a salada, que consiste em coentro, hortelã vietnamita, cebola frita, gergelim e fiapos de manga verde. Migalhas de noz e fatias de um cogumelo marrom-escuro também acompanhavam a versão que experimentei.

O preparo envolve muitos procedimentos diferentes e uma boa dose de trabalho. A barriga de porco – de fêmeas, portanto com mais carne e mais gordura do que a dos machos – é salgada por três horas e então enxaguada, seca e assada em sua própria gordura com pimenta-doce, açúcar de palma e alho. O macarrão é feito com uma mistura de leite de coco fresco e em lata, óleo de chili e açúcar de palma. Ágar-ágar japonês em pó extraído de algas marinhas é acrescentado à mistura, que forma lagos brancos estreitos e levemente gelatinosos. Estes são passados através dos fios de uma chitarra italiana, utensílio que lembra um violão, para criar os laços. Molho de peixe, dois tipos de vinagre e suco de abacaxi também participam desse maravilhoso triunfo das artes culinárias. Depois de pronto, você deve fazer o que Jacques Derrida[6] nunca teve a chance, pois o prato nunca estaria nos menus dos restaurantes na França ou nos EUA: você o desconstrói! Não perca!

038 *cha ca* no La Vong

Renovo aqui minhas apologias aos maravilhosos acentos acima, abaixo e em torno de muitas letras nas palavras vietnamitas

---

6 - Importante filósofo francês de origem argelina, conhecido como criador da "desconstrução" na literatura, ou seja, desfazer o texto a partir do modo como foi organizado originalmente. (N. E.)

(ver "*Pho*"). O *cha ca* – ou *ca qua* ou *ca lang* – é um peixe dos campos de arroz também apelidado de "peixe-banana" ou "peixe-cobra", por causa de seu formato alongado e de suas escamas. O La Vong era, originalmente, um único restaurante no bairro antigo de Hanói, até que sua enorme popularidade permitiu a abertura de uma filial na capital e outra em Ho Chi Minh. Serve apenas um prato – *cha ca* frito –, mas há tanto teatro envolvido e tantos acompanhamentos que vale a pena dar uma esticadinha até o Vietnã, onde quer que você esteja, só para prová-lo.

Braseiros de terracota transbordando carvão em brasa sobre a mesa de um restaurante? Na maioria dos estabelecimentos em países desenvolvidos, não daria certo. Os custos com seguro e indenização seriam proibitivos. No La Vong, porém, os braseiros vão sobre a mesa, é claro, e são essenciais para este prato clássico.

Sente-se. Cerca de dez minutos depois chegam quantidades copiosas de macarrão de arroz (*bifun*) e legumes de acompanhamento, em muitas e muitas tigelas – as quais são espalhadas sobre a mesa e seguidas pelo braseiro, que tem o diâmetro de, digamos, um prato raso. O braseiro é colocado no centro e, por fim, um garçom traz uma panela gasta de cabo longo e fino. Nela chia uma densa poça de óleo vegetal e cubos de peixe de coloração amarelada (foram passados em açafrão). A panela vai sobre o braseiro, é claro, e o óleo continua a borbulhar e o peixe a fritar.

As pratadas que se seguem têm nuances diversas, dependendo de como se misturam e combinam os ingredientes com o peixe na panela. Há muito dentre o que escolher – amendoins torrados, anéis de pimenta de um ardente tom laranja, uma enorme tigela de ramos verde-escuro de aneto e cepos de cebolinha verde, raminhos de manjerona e coentro maravilhosamente frescos, raspas das raízes brancas e bulbosas de um outro tipo de cebolinha, uma tigela de *nuoc mam* (molho de peixe) e, é claro, a enorme porção de macarrão. O garçom que trouxe a panela lidera o preparo, utilizando hashis para revolver uma quantidade considerável de aneto e cebolinha verde escura na panela. O macarrão de arroz será servido numa tigela vazia e, depois de cerca de um minuto, o peixe, as cebolas e o aneto o seguem. Espalham-se amendoins por cima e então o garçom, por meio de gestos, transmitirá a mensagem de que você deve começar a comer, acrescentando o que desejar dos outros ingredientes.

Os cubos de peixe são firmes e suavemente saborosos, com um toque de açafrão. Didier Corlou (ver "*Pho*") diz que, hoje em dia, outras espécies menores estão substituindo o *cha ca*, até mesmo no grupo de restaurantes La Vong. Seja como for, a qualidade primorosa dos ingredientes como um todo me sugere que, qualquer que seja o peixe utilizado pelo La Vong, deve ser excelente – pelo menos o sabor é. E todo o teatro que o prato envolve é absolutamente fascinante.

COMER EM CASA

039 lagosta à moda caseira

Reza a lenda que nos anos 1950 as lagostas – ou *crayfish*, na Austrália – eram consumidas com a mesma freqüência dos ovos cozidos no país. Acho isso um exagero, mas é bem verdade que elas eram muito mais baratas naqueles tempos, quando os mercados asiáticos ainda não haviam puxado os preços para cima devido à demanda crescente. E com certa freqüência, pelo menos uma vez ao ano quando eu era criança, muitas famílias comiam lagosta com maionese. Até mesmo nos lares protestantes mais repressivos, o prazer de degustar a carne branca e suave do crustáceo mais popular na Austrália era permitido de vez em quando. (Ao contrário do sexo, como acrescenta o escritor de origem católica Tom Keneally, pois este podia levar à dança – especialmente se feito em pé.)

Parte da tradição rezava que as lagostas deveriam ser cozidas em latas de querosene, que naquela época era usado em aquecedores malcheirosos e perigosos. O combustível azul-claro era vendido em latas altas retangulares, então era só cortar fora o topo da lata, lavá-la com cuidado e pronto, lá estava sua panela para aferventar lagostas.

Eu cheguei a presenciar esse procedimento – em meados da década de 1950, num quintal na orla de Point Lonsdale. Naqueles idos tempos, a Austrália ainda não conhecia a gastronomia e lembro que o pobre animal, cuja cauda convulsionava ritmicamente, foi jogado vivo na água fervente salgada. Lembro de um lamento alto, uma batida e patas flutuando numa superfície espumosa. Comer é um negócio brutal. Eram férias escolares e os homens estavam em pé, fumando ao redor de uma fogueira, da lata de querosene e da lagosta. (Talvez alguns deles não fossem metodistas, já que tinham latas de cerveja nas mãos.) Mais ou menos meia hora depois, a lagosta foi levada para a cozinha, para esfriar. Então, uma hora mais tarde, nos sentamos a uma mesa de fórmica brilhante que imitava algum tipo de rocha amarela e comemos o bicho. Além de sal e pimenta, o único tempero que usamos foi maionese.

Minha mãe me ensinou como quebrar com jeito uma pata de lagosta, de modo a retirar inteira uma tira de carne macia, e competíamos uns com os outros para ver quem conseguia retirar a tira mais comprida e perfeita. (Sim, sim! Isso tudo me voltou à mente quando vi pela primeira vez as garotas do Lido[7] em Paris; essas "madeleines" não muito distantes do bistrô La Madeleine me lembravam uma lagosta.) A maciez e a textura gelatinosa dessa primeira tira de carne de lagosta são inesquecíveis. Uma introdução à sensualidade. Esse processo me excitou e continuou na minha mente quando comecei a explorar outras pernas. Femininas, claro.

Hoje em dia não se vêem muitas lagostas frescas nos lares australianos (eu mesmo deixei de comprá-las na década de 1990), mas todo mundo deveria se dar essa chance de vez em quando. O ideal é que estejam vivas, mas, por favor, sejam gentis com suas lagostas. Alguns chefs ainda insistem em parti-las ao meio conscientes; já outros, mais humanos, botam os animais para dormir guardando-os no freezer por cerca de uma hora. Eu nunca gostei de dar-lhes um golpe com cutelo entre os olhos, tampouco de jogá-las numa panela e colocar um peso sobre a tampa. Mas, se você não tiver problemas com isso, vá em frente. (Dizem que a melhor forma de matar lagostas é romper sua medula espinhal. Ligue para um neurocirurgião para tirar a dúvida.)

Uma vez morta, a lagosta deve ser cozida lentamente com ervas frescas (seja generoso e não esqueça que a salsa faz a diferença) e um pouco de vinho branco. Pegue leve com o tempero e não cozinhe demais: mesmo uma lagosta grande não deve ser cozida por mais de meia hora. E faça-me o favor de preparar sua própria maionese (ver "Uma maionese de verdade").

---

7 - Famoso cabaré parisiense. (N. E.)

Algumas espécies de lagosta têm gosto tão intenso e adocicado que domina qualquer coisa. Para essas, utilize apenas sal e pimenta, se não gostar de maionese, ou um bom vinagrete (ver "Um vinagrete de verdade"). E, para acompanhar, o ideal é um vinho branco encorpado – para mim, o chardonnay é imbatível.

Os tradicionais molhos termidor e mornay são encorpados e cremosos demais para acompanhar essa protagonista intensa, mas, por outro lado, na forma de sashimi a lagosta desaponta. (Crua e fria, sua carne praticamente transparente quase não tem sabor, perde a doçura característica.) Já grelhada, a carne fica seca e acaba provocando a frustração até dos críticos de gastronomia menos criteriosos.

040 escalopes de cordeiro assados em uma churrasqueira de verdade

Primeiro escolha os cortes. Se você for suscetível, talvez prefira não comprar carne de animais com poucas semanas de idade, que nunca chegaram a sentir o gosto do pasto. Eles estavam na moda há cerca de uma década, mas talvez os abatedouros tenham ficado mais humanos, pois faz tempo que não os vejo nos cardápios.

De qualquer maneira, prefira os escalopes pequenos. A carne deve apresentar boa textura e aparentar maciez. A cor não deve ser muito viva; o ideal é que tenda ao meio-tom entre o rosa e o castanho. Prepare sua própria marinada, mas sugiro utilizar como base azeite e um toque de vinagre de vinho tinto. Tempere bem com sal, pimenta e pimenta-do-reino preta moída grosseiramente na hora – a pimenta-do-reino branca comprada moída é abrasiva demais e não é aromática o suficiente. A partir daí, use a imaginação. Você pode desejar acrescentar alho cru socado e ervas frescas colhidas de seu próprio canteiro. Até alecrim que, em geral, é algo muito forte para se usar na maioria dos pratos, pode ser acrescentado a uma marinada desse tipo, pois oferece um bom complemento à carne de cordeiro. Já o tempo que você deixará a carne marinando é sua decisão. O mínimo para se obter qualquer efeito é de três a quatro horas.

Agora a grelha. E vou explicar por que especifiquei que deve se tratar de uma grelha de verdade. Veja, a palavra, o conceito, a idéia de grelha tem sido extremamente corrompida pelo dinheiro e pelo marketing a ponto de a maioria das pessoas que acredita possuir uma churrasqueira, na verdade, possuir um pequeno caixão de rodinhas, cujo maior propósito é desprezar alguns princípios-chave da gastronomia. Estou falando das duas principais maneiras como o calor é conduzido à comida: pela fritura e pela irradiação. Uma churrasqueira a gás com uma chapa quente (que pelo jeito parece ser a opção preferida das pessoas) permite que se frite alimentos – mas não à temperatura necessária para selar seus sucos no interior: o líquido vaza, ou seja, acabamos perdendo suculência e sabor. Da mesma forma, uma churrasqueira a gás com grelha de metal permite que se cozinhe utilizando a irradiação emitida pelos bicos de gás, mas aqui também estamos falando de baixas temperaturas e não da chama vermelha ardente necessária para tostar imediatamente a superfície externa da carne, preservando suas qualidades internas.

As churrasqueiras modernas (de aparência muito chique, concordo) simplesmente não conseguem fazer a coisa direito. Elas são utensílios vendidos por imorais para incultos gastronômicos. E para preguiçosos, claro. Ninguém quer ir ao mato com um machado a tiracolo cortar lenha – muito menos comprar lenha. Mas um churrasco nada mais é que cozinhar sobre um fogo a céu aberto. E é assim que deve ser para que se obtenha o melhor resultado. Então vá atrás de sua própria lenha: peça, tome emprestada, roube. Não vejo falta de madeira em nenhum bairro suburbano há anos, graças a consertos de cercas, poda de árvores ou galhos caídos. Até o momento em que as grandes empresas assumiram a produção e a venda desse ícone australiano, os quintais e os parques eram lotados de churrasqueiras de verdade – ou seja, grelhas finas de metal sobre fogo a lenha. A coisa era óbvia.

Fazer churrasco é assar usando o calor irradiado pelo carvão em brasa. Sua origem provavelmente remonta aos temíveis canibais do Caribe, que inventaram o *barbacoa* (versão espanhola da palavra churrasco). Tratava-se de uma grelha de madeira verde em que tiras de carne eram dispostas para serem assadas ou secas. Segundo a *Enciclopédia Britânica*, o fogo era "lento". E uma das referências que consultei exibe o desenho inevitável de membros humanos rodando em uma espécie de cova perto de um guerreiro usando apenas um cocar fenomenal e nada mais. O homem leva um taco enorme e uma mulher da tribo se aproxima dele carregando um belo lombo humano. "Aqui, querido", provavelmente ela está dizendo, "hoje à noite as crianças virão jantar também."

O *Compact Oxford English Dictionary* indica que as origens do churrasco são haitianas ou guianenses e cita a referência de Dampier, em 1697, a dormir em um *borbecu* ou plataforma de varas apoiadas por postes a cerca de um metro do chão. Presumivelmente, ele foi um dos sortudos a acordar antes dos canibais. O *OED* também descreve como "conjectura absurda" a noção de que a palavra *barbecue* (churrasco, em inglês) vem do francês *barbe queue*, assar da cabeça ao rabo.

Muitos livros de culinária simplesmente ignoram o churrasco. Alguns fazem referência a grelhar sobre carvões em uma construção com chaminé. E muitos mais notam que o processo da grelha em restaurantes é feito sob pedras ou algum tipo de pseudopedras aquecidas a gás. Portanto, o verdadeiro churrasco não apenas é algo divertido, mas também uma maneira maravilhosa e ancestral de cozinhar. E você ainda tem um bom controle do calor desprendido.

Primeiro, providencie um fogo potente. Use lenha seca, mas não fique tentado a partir para madeira que tenha sido conservada em produtos químicos ou pintada – existe a chance de que esta seja perigosamente mortal. Você deve assar em uma grelha sobre carvões em brasa depois de o fogo se apagar e não sobre a chama. Você pode até usar uma dessas churrasqueiras antigas com rodinhas, o que é muito mais conveniente do que ter de se debruçar sobre um fogo ao nível do chão. Espere as chamas morrerem e deixarem um colchão de brasas tão espesso quanto um punho fechado, senão você não terá o calor necessário. Usando um pedaço de pau ou uma ferramenta de churrasqueira apropriada, atice a superfície de suas brasas. Depois vem a grelha por cima. As barras de metal devem ser finas, a fim de permitir o máximo de passagem de calor. A grelha deve ser colocada a mais ou menos meio palmo de distância do carvão. Agora o churrasco.

O tempo para assar seus escalopes depende da espessura deles e de como você deseja a sua carne. Se os escalopes forem finos, um minuto e pouco já bastará. A carne será engolfada por chamas quando o azeite da marinada pingar nas brasas. Deixe que ela toste levemente, mas cuidado para que não queime. E asse do outro lado apenas metade do tempo do primeiro lado. O sabor vem dos gases e sólidos que emanam do carvão e obtém-se uma maior quantidade de açúcar com a caramelização da gordura e da proteína da carne. Você pode fazer alguns experimentos para realçar o sabor, como, por exemplo, queimar ramos de vinhas sobre o carvão, como se faz na França. Eu costumo colocar ramos de alecrim fresco entre as barras da grelha e a carne. O resultado é sempre magnífico. Morte às churrasqueiras a gás!

041 batatas fritas perfeitas

As boas batatas fritas são cada vez mais raras, tanto nas casas quanto em restaurantes. Por quê? Porque os cozinheiros profissionais e amadores aparentemente têm mais o que fazer do que adotar os processos simples, mas demorados e rigorosos, necessários para prepará-las. Para o cozinheiro amador, pelo menos, essa é uma desculpa fraca. Temos muito tempo à disposição para respeitar os alimentos e o zênite do ato de comer. Deveríamos ser capazes de preparar rotineiramente a batata frita perfeita. Sempre.

Se eu tivesse de falar em números, diria que cerca de um terço das batatas fritas que como em restaurantes são perfeitas. Não há desculpas para aceitar menos do que o ideal, mas algumas explicações possíveis são que os chefs tentem fazer batatas fritas com o tipo errado de batata ou que as comprem já cortadas em vez de começar do zero. Talvez as fritem em óleo reutilizado ou a uma temperatura baixa demais porque temem tocar fogo na cozinha. Mas isso tudo só indica que eles não estão fazendo o esforço necessário para preparar as batatas como se deve.

Para mim também foi uma epifania e tanto aprender como fazê-lo. A família da minha esposa, de franceses, me deu uma educação culinária brilhante, como vocês verão nas páginas seguintes. Dessa vez foi o meu genro quem me chamou de lado. Ele me mostrou que, para obter a melhor batata frita, é preciso fritá-la duas vezes. Simples assim. Bom, nem tanto.

O que é uma batata frita perfeita? Bem, nesse caso tamanho não é documento. Já comi batatas fritas sublimes do tamanho de um palito de fósforo e também gigantescas e retorcidas que tinham um gosto terrível. As características, entretanto, importam. A superfície da batata deve ser de um tom dourado moreno e extremamente crocante, tão facilmente quebrável quanto um drops ou um pergaminho seco. Tão crocante, mas tão crocante, que você seja capaz de partir a batata como se ela fosse um graveto. Por dentro, a textura deve ser macia e cremosa. Se a batata for realmente magnífica, você deve ser capaz de soprar seu interior quase como se fosse uma nuvem fofa.

Recentemente fiz algumas experiências. Comprei batatas *desirées* de casca rosada, *kipflers* cerosas e batatas novas de casca fina. Se você rodar para fazer suas compras, encontrará pelo menos um especialista em gastronomia que lhe dirá que uma dessas é a melhor para fritar. Acho que me lembro de ter ouvido que as batatas mais suculentas são as ideais para isso. Talvez. No meu teste, as batatas novas foram as que mais verteram água depois de descascadas; as *kipflers*, as mais secas e as *desirées* ficaram entre uma coisa e outra. Cortei as batatas mais ou menos do tamanho que vemos nas lanchonetes e as sequei bem com um pano de prato.

Óleo fresco para fritar é importante, mas podem-se usar alguns tipos de óleo mais de uma vez. O que não se pode é usar uma fritadeira elétrica, pois nesse caso a gordura simplesmente não ficará quente o suficiente. Use uma panela funda colocada sobre um queimador wok, caso tenha um, ou sobre o queimador mais potente de seu fogão. Nessa panela você colocará sua cesta de metal para fritura contendo as batatas cortadas. Primeiro, aqueça o óleo até que sua superfície comece a fumegar. Isso levará muitos minutos, durante os quais você talvez tenha ímpetos de sair de casa para chamar a brigada de incêndio. A panela só pode estar cheia de óleo até cerca da metade. Muito cuidado! Se o óleo respingar no fogo, o resultado tem grandes chances de ser trágico. Da mesma maneira, se suas batatas estiverem molhadas ao entrar em contato com óleo a essa temperatura, é possível que haja uma explosão e um novo holocausto – é por isso que você deve secar suas batatas antes de fritá-las. (A tia Luisette, tia de minha esposa, sofreu queimaduras graves recentemente ao fritar batatas. Os bombeiros foram chamados. Nós, a família, achamos que ela não deveria fazer frituras em imersão aos 94 anos de idade.)

Não superlote a sua cesta com batatas. Três ou quatro mãos cheias são uma quantidade suficiente e, se você precisar fazer várias levas, é o jeito. Bom, quando a gordura estiver fumegante e suas batatas estiverem a postos na cesta, disponha-as lentamente dentro do óleo. Haverá uma barulheira e um borbulhar intenso. Não tenha medo de tirar a cesta parcialmente se tiver a impressão de que a gordura vai respingar no fogo. Depois de colocar a cesta, o borbulhar diminuirá de maneira considerável. Deixe as batatas fritar por uns bons dez minutos, sacudindo a cesta vigorosamente de vez em quando. Quando uma ou duas de suas batatas estiverem dourando a essa altura e flutuarem sobre a superfície do óleo, retire a cesta e esvazie seu conteúdo sobre um recipiente com papel-toalha para que sequem. Repita com mais levas.

Ao terminar com todas, saiba que essa é apenas a primeira fritura, que deve basicamente cozinhar as batatas, sem conferir-lhes aquela casquinha dourada e crocante e o interior macio e "soprável" que elas ainda terão. Isso vem depois.

Aguarde novamente até o óleo fumegar. Agora o ideal é colocar menos batatas na cesta: ponha duas ou três mãos cheias e depois mergulhe sua cesta. Você verá muito menos borbulhas e quase não haverá perigo de respingos. Sacuda a cesta vigorosamente o quanto quiser para separar as batatas e assegurar que elas distribuam igualmente a temperatura do óleo. Não seja tão vigoroso, claro, a ponto de derrubar o conteúdo sobre o piso italiano do chão de sua cozinha. E quando as batatas estiverem douradas, estarão no ponto. Só levará cerca de um minuto para retirá-las da cesta, secá-las no papel-toalha e comer. Depois pode sentar a boca nos restaurantes e lares que não lhe servirem simplesmente a batata ideal.

Falando nisso, gostei dos resultados com as três variedades de batata testadas. Caso tivesse de escolher alguma, diria que a *kipfler* tinha um pouco mais de densidade interior e sabor que as demais.

042 aspargos com vinagrete

Como criança francesa, minha esposa se escondia nos aspargos. Ali ela se refugiava quando tinha de realizar tarefas domésticas, admite ela hoje, um tanto constrangida. Que houvesse tantos aspargos (obviamente estavam já meio passados) onde se esconder em uma quinta francesa do pós-guerra indica a importância que essa planta tinha como entrada. E ainda tem. Além disso, nos lares franceses ele é sempre servido com vinagrete (ver "Um vinagrete de verdade").

Como criança da mesma idade que ela, mas morando a meio mundo de distância, eu achava que os aspargos vinham das latas. Tão uniformes quanto as sardinhas, tinham um tom de verde tão insípido quanto o do mofo do teto e eram mais frágeis que os evangelhos do Mar Morto. E a flacidez? Nem Viagra por via intravenosa ajudaria os coitados. E praticamente a única maneira de comê-los era envolvidos em fatias finas de pão de fôrma branco. Ocupavam um lugar de honra em eventos gastronômicos, como as festas anglicanas e os bazares de escola. Para juntá-los, usavam-se palitos de dente.

Hoje os aspargos são um legume popular nos lares e restaurantes. É possível comê-los como acompanhamento – cruzados ao longo de um prato à base de frutos do mar, por exemplo, ou amarrados como os gravetos do fardo de um pedinte próximos a um filé. Os cozinheiros amadores tendem a incluí-los nas saladas. Bem, tudo isso está ótimo, mas do meu ponto de vista existe apenas um jeito de comer aspargo e é do jeito francês. Os gauleses são tão arraigados às tradições que do espólio de minha sogra ganhamos um belo prato fundo de porcelana com fundo decorado com cinco aspargos em baixo-relevo. Cada uma das extremidades do prato é levemente côncava para formar reservatórios para o suco liberado pelos aspargos. E, o que é curioso, o prato também é decorado com folhas de uva, que sugerem o vinagre de vinho tinto com que se deve produzir o molho para acompanhá-los.

Ao cozinhar aspargos em casa, corte-os ao longo da cabeça até pouco acima do trecho onde começam a ficar mais duros – você sentirá o ponto exato com a faca. Coloque-os em uma panela com tampa que os permita ficar de pé, caso a tenha. Caso contrário, amarre-os em um feixe e deixe-os de pé em uma panela comum. A água fervente deve chegar a cerca de dois terços da altura dos aspargos; uma tampa ajuda no processo de aferventar. Não cozinhe demais os aspargos. O cozimento demorará bem mais do que o tempo que alguns assim chamados cozinheiros clamam demorar. Dez minutos é um tempo bom. A metade de baixo das cabeças deve ficar macia, enquanto a metade de cima deve gradualmente passar de macia até uma leve qualidade crocante nas pontas. Se você lhes oferecer pouco calor, perderá em sabor.

Há diversas variedades de aspargo. Os brancos são produzidos com uma delas, nem precisa dizer. Trata-se de um aspargo como outro qualquer; a diferença é que permaneceu na condição de broto, portanto não saiu do solo, não viu a luz do dia e assim não fez fotossíntese para adquirir o tom verde. O aspargo branco possui sabor mais suave, mas bastante sedutor, que é realçado com molhos à base de óleos de sementes marcantes, como os de nozes ou avelãs.

043 minha geléia de ameixa

Agora contenha-se, nada de precipitações! Estou sendo bastante injusto, eu sei. Mas aposto que a maioria de vocês infelizmente jamais terá a oportunidade de provar a minha geléia de ameixa, que dirá roubar um frasco. Contudo, ela é uma das coisas que desejo colocar em minha boca antes de deslizar para o outro mundo. (Este é o meu desejo – você pode ter outros, igualmente legítimos.)

A fruta da minha geléia vem de uma árvore solitária. Nas boas colheitas, faço cerca de 40 a 50 frascos de geléia com seus frutos (além de, obviamente, colher uns tantos mais para comer frescos). Há quase três décadas que possuo essa ameixeira e jamais fui capaz de dizer com precisão a que variedade suas ameixas pertencem. As frutas são de tamanho médio, sua cor é de um tom arroxeado escuro quando estão maduras. Em seu interior, a polpa é bem mais clara, variando entre um vermelho transparente a um amarelo alaranjado pálido, dependendo da maturação. São extremamente suculentas e essa suculência só aumenta à medida que amadurecem. Uma antiga edição (1942) do *The Australian Gardner*, de Leslie H. Brunning, diz que as ameixeiras podem chegar a uma idade bastante avançada e suspeito que a minha árvore tem a idade do local onde vivo, ou seja, cerca de 80 anos. O *Gardner* lista 42 variedades de ameixa que devem ter sido comuns nos jardins australianos nos anos 1940. Seria a minha *red heart* ou *ballena, hermosillo, siler, robe de sergeant* ou *early orleans*? Ninguém sabe.

Enquanto escrevo, eu a vejo da minha janela. De tronco bastante grosso, ela se ramifica a vários metros de altura em todas as direções. Daqui a algumas semanas vai se apresentar em toda a sua florescência, mas seu esqueleto nu mostra diversas enfermidades, desde grandes buracos que vertem uma substância purulenta até musgos parasitas e galhos quebrados. Nunca a podo nem a adubo. Talvez eu seja um relapso extremo que não se importa com a vida de outro ser vivo. Mas todos os anos, de forma quase certeira, ela dá as frutas mais fantásticas. (Digo "quase" porque tempestades no momento errado vez ou outra dizimaram as frutas e por motivos inexplicáveis sua produção é, às vezes, baixa.)

Na maioria dos anos, porém, eu simplesmente pego a minha escada no dia 31 de dezembro ou perto dessa data e vou apanhar as frutas para fazer geléia. Em geral repito esse procedimento três vezes. Meu *modus operandi* para a fabricação de geléia com essa fruta é simples. Quantidades iguais de fruta e açúcar branco; cortar as ameixas grosseiramente, sempre conservando os caroços; aferventar e deixar descansar em um prato branco frio. Há uma margem considerável de erro. Já tentei acrescentar coisas como cascas de fruta cítrica ou mais açúcar, mas a melhor geléia se faz apenas com quantidades iguais de fruta e açúcar. É doce e azeda, firme e suculenta, perfumada e saborosa, e estimula as glândulas salivares... É simplesmente divina.

044 um vinagrete de verdade

Eu estava sozinho – como muita gente – em minha primeira noite em Paris, na França. (A vida não devia ser assim, mas isso significa apenas que as coisas podem melhorar.) Havia feito reserva em um hotelzinho de duas estrelas apertado e antigo na Rive Gauche chamado Pierwige. Passava das oito horas quando finalmente me instalei no meu quarto no quinto andar (sem direito a elevador) e vi garotas drogadas de roupa de baixo por uma porta entreaberta do patamar minúsculo do quarto andar. Havia atravessado o Canal da Mancha naquela maravilhosa invenção britânica, o *hovercraft*, e antes apanhara em Boulogne um trem devagar quase parando. Eu queria apenas comer alguma coisa, me animar com os sons e cheiros da cidade e depois desabar na cama, com ou sem as garotas drogadas do andar de baixo.

Em frente ao meu hotel havia um café parisiense com revestimento de madeira. Entrei, consegui me fazer entender o suficiente para pedir um filé com fritas – o que mais um australiano pediria até saber que aquele era também o prato nacional da França? – e uma garrafa de vinho tinto vagabundo. Na mesa ao lado, um homenzinho encolhido e grisalho com expressão severa limpou o prato com pão. Usando um garfo e uma faca, ele apanhou salada de uma tigela de tamanho médio que estava à sua frente e a abrigou em seu prato de porcelana (puríssima). Acrescentou à tigela sal, pimenta, vinagre e azeite contidos em diversos pequenos recipientes que estavam à mesa. Depois de mexê-los com a colher, ele recolocou as folhas na tigela e revolveu-as diversas vezes. Sorri para ele. Ele ensaiou um meio sorriso.

Meu filé e o vinho se materializaram. Chegaram também mostarda em um pequeno pote de cerâmica e uma cesta de metal com batatas fritas. Reconheci o corte da carne. Nós o chamamos de "skirt steak" na Austrália ("entranha fina", no Brasil). Era a variedade mais barata de músculo. Minha mãe costumava picála para preparar *cornish pasties*[8], que era sua única especialidade gastronômica, por assim dizer. Mas aquele *skirt steak* francês era surpreendentemente bom. As batatas fritas estavam crocantes, com interior leve e "soprável" como uma nuvem. E o que tinham aquelas batatas francesas para terem tanto sabor?

Minha salada verde surgiu e polvilhei-a com sal e pimenta. O comensal encolhido da mesa ao lado franziu a testa. Apanhei o azeite e estava prestes a acrescentá-lo quando ele começou a gesticular freneticamente. "Ah, non, monsieur!" Seu meio sorriso havia desaparecido completamente. Seu gesto negativo ordenava que eu colocasse o azeite na mesa.

"Faites l'espace", disse ele, algo que estava além da minha compreensão. Ele fez um movimento de abrir espaço com a mão. Apanhei a colher e comecei a cavoucar as folhas. Ele tornou a gesticular. Empurrei algumas para um lado. Ele fez um meio sorriso. Empurrei todas as folhas para o canto da tigela. Ele ficou satisfeitíssimo. Apanhei o azeite de novo. Seu sorriso sumiu.

"Ah, non, monsieur! D'abord, le sel et le poivre." Devo ter parecido completamente no ar; ele apanhou seus próprios saleiro e pimenteiro. Polvilhei o tempero na tigela, mesmo já tendo feito isso antes. Sorrimos um para o outro. Apanhei o azeite. A mão dele disparou, enganchando-se em meu cotovelo.

"Pas encore, monsieur!" Deixei o azeite onde estava. "En premier, le vinaigre."

Vinaigre? Tinha de ser o que eu achava que era. Apanhei o vinagre. Meu instrutor sorriu. "Pas trop", insistiu. Como essa frase veio acompanhada de um indicador e um polegar apenas levemente separados, achei que ele queria dizer para não colocar vinagre demais. Adicionei vinagre e recoloquei o vinagreiro, depois apanhei o azeite.

"Bien!", comemorou ele.

---

8 - Espécie de tortinha de carne típica do Reino Unido e da Austrália. (N. T.)

Acrescentei azeite e mexi o molho. Ele sorriu. Com a colher empurrei as folhas de volta para cima do molho e revolvi a salada. Como um professor realizado, o homem ergueu os braços bem alto como um campeão dos pesos pesados.

Mais tarde, minhas cunhadas me deram mais instruções formais para preparar um vinagrete de verdade. Temperar no fundo da tigela; colocar primeiro vinagre para dar ao sal a chance de se dissolver; depois azeite (cerca de três partes para cada parte de vinagre). E pronto, está aí um vinagrete de verdade. Se você o fizer sempre ao comer sua salada – nunca o prepare com antecedência nem o guarde na geladeira, a diferença é notável –, será altamente recompensado. Você pode complementar seu vinagrete com todo tipo de ervas picadas. Os chefs de alguns dos mais destacados restaurantes não misturam os ingredientes de seus vinagretes – uma atitude horrorosa que está na moda hoje. Meu argumento é que, já que você colocou coisas juntas em uma mesma tigela, não faz sentido nenhum não misturá-las. Mas a maioria das pessoas há de convir que as roupas novas do imperador parecem lindas.

045 uma maionese de verdade

Aprendi a preparar maionese como se deve observando a minha falecida sogra francesa. Tratava-se de uma mulher que, quando queria, parecia excepcionalmente atraente, mas que, ao fazer maionese, era o supra-sumo do horror. Seu rosto se contorcia em uma espécie de careta dos amaldiçoados, o ricto de um retratado por Goya[9], originário do medo de que a maionese não atingisse a consistência apropriada, não crescesse tantas vezes em volume e acabasse não se transformando em uma nuvem cremosa e espessa de óleo e gema de ovo – por motivos técnicos e de direito.

9 - Pintor espanhol classicista. (N. E.)

A maionese é uma coisa mágica. Todo cozinheiro deveria aprender a prepará-la. Na minha infância, era impensável que alguns artigos comestíveis pudessem ser feitos em casa. Espaguete, por exemplo, eram minhocas curtas e finas que vinham em uma espécie de sopa de tomate enlatada. As sardinhas provavelmente eram seres que nunca haviam nadado, deviam ser um tipo de representação artificial e decapitada de peixe que era comprada em lata. E até eu morar na França, sempre presumira que maionese era o nome genérico para um creme frio que se comprava em potes. Na verdade, prepará-la é uma das principais razões para se cozinhar. E estou convencido de que minha sogra, na realidade, gostava muito do ritual de fazê-la, por ser algo tão próximo de uma espécie de desafio culinário à morte, um *bungee jump* na pia.

Veja, ninguém compreende exatamente o que acontece quando se prepara maionese. Tecnicamente falando, trata-se de uma emulsão temperada de ovo e óleo. Mas só tecnicamente falando. Para além do universo da físico-química, existem reinos com que você e eu nem sequer sonhamos. Posso citar artigos científicos que comprovem isso, mas os cientistas quase nunca escrevem em uma linguagem aprazível.

Os ingredientes para a maionese não podem estar frios! O cozinheiro sagaz deixa os ovos e o óleo reservados sobre o balcão da cozinha meia hora antes de começar os trabalhos, para que ambos adquiram a mesma temperatura – próxima à do ambiente. Ele também garante que os ovos e o óleo estejam frescos, embora há quem jure que os resultados mais consistentes são obtidos com ingredientes meio passados.

Para fazer a maionese, quebre as gemas de ovo em uma tigela e bata-as com óleo. Simples! Mas o processo deve ocorrer lentamente. Comece com apenas algumas gotas de óleo, que aos poucos devem virar um fio e depois uma torrente fina. Isso pode levar cerca de uns dez minutos. Você logo saberá – no estágio do fio – se sua maionese está adquirindo a consistência adequada; a essa altura ela deve ter uma coloração opaca, uma leve textura gelatinosa e um volume consideravelmente maior do que o de seus componentes separados.

Nos lares onde primeiro presenciei maionese ser preparada não se usava nada além de um garfo de cozinha para batê-la. Nem sinal de batedores de ovos, nem daqueles implementos especiais para a preparação de maionese que parecem um pouco com uma colher chata com um anel estreito de arame enrodilhado. E não consigo pensar em nenhum liquidificador ou mixer que seja capaz de aerar uma mistura de forma consistente como se deve.

Em seu auge, no final dos anos 1980, o salão de jantar do Hotel Burdekin, em Darlinghurts, na Austrália, tinha um ótimo truque para festas: com garfos, os funcionários preparavam maionese nas mesas dos convidados. Em jantares mais animados, era preciso muita força no pulso e o fornecimento de óleo digno de um milionário petroleiro do Texas.

Por causa da fragilidade técnica da maionese, há um certo folclore a respeito de seu preparo na França. Acredita-se que caso você pare de bater a mistura e não mantenha um ritmo rápido e constante, o fracasso é certo. Além disso, qualquer corrente de ar, brisa, umidade ou mesmo a expiração podem levar tudo a perder. Por isso, vários cozinheiros amadores tomam fôlego antes de começar a bater e seguram a respiração durante todo o procedimento. Depois de ver isso, entendi por que a França sempre foi pioneira no mergulho livre, principalmente na categoria feminina. Estranhamente, porém, nunca vi muita gente com protetores de pulso na França.

Depois você tempera sua maionese, claro, e acrescenta suco de limão ou vinagre para cortar um pouco de toda aquela gordura. Ou até água, que a torna mais clara e leve. Também se podem adicionar ervas e extrato de tomate, para fazer versões diferenciadas deste que é um dos maiores clássicos gauleses.

046 um molho holandês de verdade

Este molho e seu irmão, o *béarnaise*, são tecnicamente chamados de emulsões quentes. Quentes sim, mas nem tanto! Se cozinhá-los demais, a proteína irá se flocular em bolinhas minúsculas e a gordura ficará clara. Mas, se você for com calma, não há motivo para não conseguir preparar um molho holandês ou *béarnaise* sublime.

O que emulsifica é a manteiga e a gema de ovo frias. O tempero natural faz o molho. No caso do holandês, é o suco de limão – sal e pimenta, claro. No do *béarnaise*, é um extrato concentrado de echalotas[10], um vinagre de qualidade – talvez apenas uma camada fina no fundo de uma panela pequena – e uma echalota grande picada e amassada que em geral fazem o truque. Ferva esses ingredientes e depois coe sua redução, pressionando bem as echalotas. Deixe esfriar. A quantidade que restará não deve ultrapassar o suficiente para forrar o fundo de uma panela grande e funda.

Mas o xis da questão é a emulsão de gema e manteiga. Basicamente, colocam-se uma ou duas gemas na panela com o tempero. Depois, batem-se as gemas por alguns segundos com uma colher de pau. Então, sob fogo baixo ou em banho-maria, acrescentam-se cubos de manteiga, um por um (só se acrescenta um novo depois que o primeiro derreter ou quase). Seu molho se espessará como num passe de mágica. Este é um dos grandes momentos da arte culinária. Você verá a textura gelatinosa surgir do nada. Quando isso acontecer, e seu molho estiver quente o bastante para ser provado, está pronto. Tire-o do fogo! Não tente continuar para obter uma consistência gelatinosa ainda mais firme. Você verá que mesmo fora do fogo o molho continuará a espessar. Será maravilhoso e você terá muito orgulho de si mesmo por conseguir fazer um dos gigantes da culinária francesa. Acrescente sal e pimenta, confira o tempero e sirva. As receitas variam na quantidade de manteiga que se diz para acrescentar. Para cada gema se pode contar o acréscimo de mais ou menos a quantidade de manteiga que você conseguiria acomodar na palma de sua mão. E essa quantidade deve ser dividida em mais ou menos cinco partes separadas

---

10 - Planta da família das Liliáceas, à qual pertence também a cebola. (N. E.)

para serem acrescidas à gema. Uma gema produz uma quantidade de molho holandês ou *béarnaise* suficiente para duas pessoas, mas sempre tenha um pouco mais de manteiga à mão e da melhor qualidade que puder conseguir.

047 mexilhões ao vapor

Quando voltei para a Austrália vindo da França, eu era uma espécie de defensor da gastronomia. Olhando para trás, acho que era algo natural. Mas isso não deveria ter resultado no tipo de comportamento que hoje em dia é considerado com justiça de criminoso. Ninguém está apanhando esses mexilhões maravilhosos na baía de Port Phillip, aqui na Austrália, pensava eu em meados dos anos 1970, então por que eu não posso apanhá-los? Eram alimento – maravilhoso, glorioso e de excelente qualidade. Na França, valiam uma fortuna. Então eu e minha esposa íamos à praia no domingo à tarde, curtíamos o sol como dois morenos legítimos, depois enchíamos um ou dois baldes de mexilhões frescos que apanhávamos das rochas. (Para minha vergonha, certa vez apanhamos duzentos deles de diversos tamanhos – eu me lembro, porque os contei.) As pessoas nos olhavam atravessado. Mas você pode imaginar o tanto de olhares que ganhávamos, eu com meu ar australiano descendente de irlandês e minha mulher com sua loirice típica do norte da Europa.

Em poucos anos, entretanto, havia chegado um número significativo de imigrantes asiáticos e foi colocada uma pressão enorme contra a colheita de mexilhão nativo da baía de Port Phillip, uma vez que então os europeus já os estavam apanhando aos montes. Inevitavelmente, a colheita foi proibida. Mas saiba você que ninguém, nem o mais pobre dos imigrantes asiáticos, realmente necessitava apanhá-los. Os mexilhões cultivados são de boa qualidade e têm um preço muito competitivo. Além disso, o magnífico mexilhão azul (*Mytilus edulis*) pode ser colhido o ano inteiro na baía e nas cercanias da costa da Tasmânia. Espero que você consiga pôr as mãos em um deles na sua vida.

Quando eu era criança, mexilhão era considerado isca e algumas pessoas ainda têm opiniões esquisitas a respeito desse crustáceo. Algumas dizem que os melhores são os menores, o que é idiotice. Os mexilhões pequenos são animaizinhos que podem se tornar duros e murchos com o cozimento. Mas mesmo o maior desses mariscos quando cozido até o ponto de se abrir levemente apresenta a carne mais deliciosa e ligeiramente gelatinosa.

Para limpar os mexilhões, tire uma espécie de "barba" que possuem e quaisquer algas que estejam grudadas em sua concha. Lave-os rapidamente sob água corrente. Só conserve os que estiverem bem fechados ou que se fecham rapidamente quando você começa a cutucá-los. (Como uma moça casta.)

Cozinhá-los é fácil. Coloque-os em uma panela tampada com alho picado e amassado e um monte de ervas frescas de seu canteiro – ramos compridos de salsa, rúcula, uma ou duas folhas de louro e manjerona, digamos –, erva-cidreira e pimenta fresca. Use a imaginação, os mexilhões são seus. Acrescente um fio de azeite de oliva de qualidade e despeje vinho branco da garrafa por três segundos. Nenhum outro líquido deve ser adicionado, é preciso enfatizar. E cuidado com o vinho: os restaurantes costumam acrescentar demais e o sabor do vinho se sobrepõe ao sabor delicado desses bivalves. Os vinhos não amadeirados são os ideais.

Coloque a panela sob fogo alto, tampada, e em questão de minutos seus mexilhões se abrirão, deixando verter seus sucos. Mexa-os de vez em quando para distribuir o calor. Em poucos minutos estarão prontos para servir. Tire a panela do fogo imediatamente depois que a maioria dos mexilhões tiver se aberto. (Os mais durões podem ser abertos na marra com um pouco de atitude e uma faca.) Ferva ligeiramente o líquido do cozimento, que pode estar salgado, pois consiste basicamente dos líquidos onde os mexilhões viviam. Mas tenha confiança; no fim, o sabor se sobreporá ao sal. Adicione uma colherada de creme de leite e sirva.

048 um molho madeira excelente

Bem, por que eu sugeriria que você prepare o rei dos molhos clássicos, uma iguaria considerada tão fora de moda e gorduro-sa hoje em dia que raramente se vê nos restaurantes dos grandes chefs? Pelo mesmo motivo pelo qual acredito que você deva, pelo menos uma vez na vida, escutar um quarteto de cordas executar as "Variações Goldberg" de Beethoven. Trata-se de coisas insuperá-veis em suas áreas, sublimes, que representam o máximo da expres-são humana, exemplos do zênite a que a humanidade pode chegar, e você não deve dar seu último suspiro sem experimentá-las.

Além disso, é possível desfrutar tudo isso em casa. Até o molho. Não estou falando em preparar uma aproximação do que seria um excelente molho madeira. Estou falando em fazer a coisa de fato – ou seja, em preparar o grande e preciso monstro da culinária. Você é capaz disso e o fará com facilidade. E, quando estiver jantando, imaginará todas as pessoas mais ricas e destacadas do mundo nas salas de jantar e palácios mais luxuosos que existem – reis e rai-nhas, duques e sua corte – e se dará conta de que eles comeram este e precisamente este líquido precioso com seus *tournedos rossi-ni* e rosbifes há cem anos. Que pensamento bacana, achará você: agora poderá contar a seus amigos que comeu de verdade como a aristocracia européia na *belle époque*. (E, se você gostar de seu molho madeira, poderá, é claro, prepará-lo repetidamente e comer como a nobreza o tempo todo.)

Primeiro prepare um caldo de vitela. Peça a seu açougueiro favorito – você terá de ir a um açougue de verdade – para reservar ossos e sobras de carne de vitela. Limpe-os e depois os cubra com água fria. Acrescente um ou dois talos de aipo, algumas cenouras cortadas, ramos de salsa, dois alho-porós bem lavados, uma cebola grande (nem se importe em descascá-la, simplesmente a corte em quatro), um bom dente de alho cortado grosseiramente (sem descascar), umas duas folhas de louro e um ramo de tomilho, e deixe a mistura ferver bem lentamente no fogo baixo por duas ou três horas. Coe e seu caldo está pronto.

Agora o molho. O ideal é prepará-lo em uma panela grande e pesada. Derreta uma colherada grande e cheia de banha de porco no fundo da panela e frite um punhado de bacon defumado picado com mais um punhado de arcos de cebola descascada. Quando o bacon tender ao estado crocante e as cebolas ficarem transparentes (o que deve levar por volta de três minutos), retire-os e reserve-os em um prato. Não apague o fogo sob a panela, pois agora chegou a vez de acrescentar uma ou duas colheradas cheias de farinha de trigo ao caldo e mexer. O resultado poderá alarmá-lo e parecer meio escuro e nojento. E ainda grudar no fundo da panela. Não se preocupe! Haverá vapores e talvez até o conteúdo se queime um pouco. Tudo bem. Não pare de mexer. Abaixe um pouco o fogo, mas continue a mexer até seu miasma de gordura e farinha ficar escuro. A coisa vai desafiá-lo e também parecerá pouco atrativa. Mas logo tudo mudará, depois que você adicionar pelo menos meia garrafa de vinho tinto. O ideal é um bom e forte shiraz. E, por favor, não se sinta tentado a acrescentar um vinho vagabundo. Isso só vai desmerecer o rei dos molhos, que precisa dos melhores ingredientes para se apresentar em sua roupagem mais esplêndida.

Deixe o álcool evaporar em fogo mais brando, se desejar. Isso vai levar mais ou menos um minuto. Depois acrescente o bacon com cebolas e mais cogumelos frescos cortados grosseiramente, dois dentes de alho picados e amassados, uma cenoura cortada, uma colher de sopa de extrato de tomate e uma quantidade de seu caldo de vitela no mínimo igual à de vinho. Ou então encha a panela até a borda com o caldo, pois agora você vai deixar tudo isso reduzir sob fogo brando por várias horas.

E é isso, basicamente. Verifique sempre o molho. Dê uma mexida de vez em quando para mostrar o quanto você o ama. Retire os resíduos do fundo da panela e deixe-os em suspensão no molho. Prove-o constantemente, mas só o tempere quando estiver quase pronto e você tenha certeza de que não porá sal demais. Quando o molho estiver com a aparência de lava, do tom marrom do chocolate, com sabor sublime, cheio de nuances (e ele assim ficará), quando pedacinhos de matéria dos legumes surgirem na superfície como troncos em um pântano, o molho estará pronto. Coe-o com uma musselina fina, pressionando os legumes para que soltem todo o seu suco. Agora você tem um ótimo molho madeira. Um molho madeira de verdade. Prove-o: de agora em diante ele será seu parâmetro de avaliação para todos os outros dos restaurantes. Cubra o fundo de um prato com ele antes de acrescentar um ótimo filé, carnes grelhadas ou qualquer proteína frita ou na chapa. (Fica maravilhoso com atum grelhado.)

O molho madeira – por vezes chamado de molho espanhol ou *sauce espagnole* – é a base dos melhores molhos da *haute cuisine*, os que requerem que se acrescente vinho Madeira (você pode desejar experimentar com outros vinhos fortificados), trufas ou ambos a essa receita básica de molho madeira. O molho *demi-glace* é feito adicionando caldo de vitela reduzido ao molho madeira já preparado. Mas este último já é uma sinfonia de sabores que não pode ser melhorada, do meu ponto de vista.

049 um *beurre blanc* de verdade

"Beurre blanc" significa tão-somente "manteiga branca" e esse molho clássico se tornou um dos básicos da culinária moderna. Essencialmente, significa derreter manteiga fresca em uma essência que se pode preparar com diversos ingredientes. Não estou falando dos sabores destilados que se compram em garrafinhas, como os de baunilha e de menta. Estou falando de um líquido que em geral é enevoado e condensado, feito para ser combinado com qualquer tipo de proteína em um prato. Nos cardápios, você verá "molhos de manteiga" – a melhor maneira de descrevê-los – acompanhando todo tipo de carne branca, de frango a frutos do mar.

O *beurre blanc* clássico, entretanto, foi criado para acompanhar peixes e diz-se que surgiu em Nantes, no oeste da França, perto do Atlântico. (Às vezes, ele pode aparecer com o nome de *beurre blanc nantais.*) É uma especialidade da região da baixa Bretanha. Basicamente, ferve-se em uma panela pesada partes iguais (não é necessário mais do que alguns gorgolejares) de vinho branco seco – o sauvignon blanc e o marsanne são ótimos – e vinagre. (Mais uma vez, a escolha é sua, mas o espectro de vinhos brancos dentre os quais escolher deve ser o que tem em um extremo os ultra-secos e no outro as sidras.) Echalotas picadas, que conferem um sabor característico maravilhoso, e pimenta-do-reino moída na hora também vão à mistura. E deve-se ferver tudo isso em fogo alto até não restar mais do que uma colher de sopa de líquido depois de coado. (Pressione as echalotas picadas para extrair o máximo de sabor.)

Vários molhos excelentes levam caldo e este leva caldo de peixe – que você pode preparar com barbatanas, carcaças ou cabeças de peixe, mais cenouras, alhos-poró, aipo, tominho, louro e salsa. Leva-se mais ou menos uma hora para fazê-lo, simplesmente deixando tudo ferver lentamente, até que os diversos elementos desprendam seu sabor no caldo. Coe quando o conteúdo da panela tiver o gosto de seu agrado.

À sua essência de vinho branco, vinagre e echalotas, acrescente agora esse caldo – em geral em quantidade duas vezes superior à da essência. O líquido ficará translúcido e com um tom esbranquiçado, cremoso. Não se preocupe. Simplesmente, prove-o com uma colher e confira que maravilhoso espectro de sabores. Quando o resultado estiver reduzido – não muito, prove-o – ao seu gosto, acrescente nacos de manteiga de pouco em pouco. Você pode querer cortar a manteiga em quadradinhos antes de começar esse estágio do processo. Para a quantidade dessa receita, provavelmente será necessário no mínimo meio tablete de manteiga. A quantidade a acrescentar vai depender de seu gosto, claro; a gordura saborosa da manteiga deve equilibrar o sabor forte da essência.

Jamais deixe a manteiga ferver! O molho deve permanecer com coloração opaca, nunca transparente. Lembre-se, este é um molho de "manteiga branca", o que significa que a manteiga simplesmente se derrete na essência. O fogo deve estar no mínimo enquanto você derrete a manteiga e, assim que acrescentar uns dois cubinhos, derreta mais para que a temperatura nunca aumente a ponto de a manteiga ficar transparente. Quando estiver satisfeito com o sabor fantástico e a suavidade de seu molho, retire-o do fogo. O maravilhoso *Les Recettes Secrètes des Meilleurs Restaurants de France*, de Louisette Bertholle, diz que este *tour de main breton* não requer muita perícia na cozinha. Entretanto, deve-se "abandonar todo o nervosismo e agir rapidamente" (numa tradução livre minha).

O *beurre blanc* foi inventado para servir como complemento gorduroso – e sabor adicional – para o paladar intenso e puro dos peixes poché e grelhados. Nunca para seres aquáticos fritos ou fritos em imersão, pois a dose dupla de gordura seria enjoativa. O *beurre blanc* é tão versátil e simples que você o verá em toda parte. Recentemente comi em um restaurante "pitu" com *beurre blanc*. Algumas versões têm como base caldo de galinha. Derreter manteiga em um caldo saboroso parece ser sinônimo de *beurre blanc* hoje em dia, então por que não inventar o seu? Talvez até exista um molho à base de manteiga completamente australiano. E que tal um *beurre maroon* para acompanhar um filé de canguru aferventado rapidamente em um caldo de sabor intenso? A base poderia ser um shiraz Barossa, caldo de canguru e vinagre de manga. Simplesmente acrescente manteiga.

050 vitela assada sobre legumes aromáticos

Trata-se de um clássico da culinária francesa assar carne sobre legumes aromáticos. Ah, os aromáticos... Que seria de nós na cozinha sem cenoura, cebola e aipo? Eles são a base de tantos sabores – seja em caldos que viram sopas, molhos e ensopados ou, conforme o título da receita indica, nos assados.

Apesar da sua universalidade, no caso dos assados os aromáticos são ainda mais poderosos quando se trata de cortes grandes de vitela. Esforce-se e você encontrará um açougueiro capaz de lhe fornecer um bom pernil traseiro ou dianteiro de vitela (ver "*Blanquette* de vitela"). O que você fará com isso lhe trará uma alegria inacreditável. Capaz de durar até a outra vida.

Nunca fui a Albertville, na região da Savóia, leste da França. Por isso nunca fui ao restaurante Million, que ganhou uma estrela do guia *Michelin* nos anos 1970 quando seu assado de vitela ficou famoso por meio do livro *Les Recettes Secrètes*. Três décadas mais tarde, notei que o Million ainda tinha a sua estrela e – é o que eu acho, e aposto minha casa nisso – que ainda é possível comer um assado de vitela sensacional ali. Repeti a receita muitas vezes em casa sem um único erro. É simplesmente sensacional.

Tempere o pernil com sal e pimenta, esfregando os temperos por sobre a pele. Em forno médio, sele seu assado com manteiga e óleo, na proporção de três partes de manteiga para uma de óleo. A receita não diz isso, mas esse processo pode levar cerca de 20 minutos. Depois acrescente à assadeira bastões de cenoura descascada, alho amassado e picado, meia dúzia de cebolas pequenas descascadas, algumas echalotas descascadas e – a única alteração significativa além do fato de não acrescentar aipo – três tomates grandes descascados, sem sementes e cortados em quatro. E para dentro do forno com seu assado!

Les Recettes Secrètes simplifica bastante as coisas, omitindo que talvez seja necessário acrescentar mais manteiga ou óleo.

Além disso, os 45 minutos de tempo de cozimento no forno médio especificados na receita irão variar significativamente a depender do tamanho de seu pernil. Já preparei alguns gigantescos, que ficaram no forno por uma boa hora e meia, no total. O livro também não diz que você deve regar a carne com seu líquido freqüentemente, como faria com qualquer assado. Mas ele informa que, perto do final do cozimento, talvez seja uma boa cobrir o pernil com papel-alumínio a fim de proteger as partes que estão ficando escuras demais.

Milagrosamente, o molho do Million é simplesmente os sumos e pedaços gordurentos que restam na assadeira fervidos com um pouco de água até obter a consistência de xarope. (Também acrescento um pouco de manteiga, que confere suavidade e corpo ao molho.) Deixe o assado descansar, é claro, para que seu líquido volte ao centro da carne. Depois o fatie e sirva com os legumes da panela e seu molho. (Verifique o tempero.) A simplicidade aqui resulta em um efeito régio. Pelas suas muitas dicas maravilhosas sobre culinária e seus princípios, tente conseguir um exemplar de *Les Recettes Secrètes*, há também uma edição em inglês.

051 salmonete

Só quando você prova esse peixe entende por que os pequeninos salmonetes (espécie da família *Mullidae* – o nome francês é *rouget*) são tão apreciados na região do Mediterrâneo. Trata-se de peixinhos deliciosos com um sabor único. Na Austrália, há 20 anos eles eram uma raridade do status do peixinho dourado. Naqueles tempos, os australianos autênticos comiam peixes de verdade – ou seja, grandes, de preferência com várias fileiras de dentes e couro áspero. E era preciso comprá-los – ou parte deles, pelo menos – empanados e fritos. O salmonete talvez fosse sucesso, mas só entre os vendedores de isca. Foi apenas graças a diversos chefs europeus cultos – e uns poucos chefs australianos que haviam trabalhado na Europa – que os consumidores comuns conheceram a delícia dessa espécie.

Existe uma relação entre seu tamanho e sua doçura, mas não se importe tanto com isso. Quanto menor o peixe, dizem alguns gourmets, melhor seu gosto. Mas, para obter o melhor de seus filés, você terá de tirar as espinhas com pinças, o que significa que, se o salmonete for muito pequeno, você terá de trabalhar muito mais atentamente. Os peixes que têm mais ou menos um palmo de comprimento são perfeitos.

Por favor, não retire sua pele; ela possui um sabor fabuloso. Depois de tirar as espinhas dos filés, apalpe-os para ver se não esqueceu nenhuma. A melhor maneira, e a mais simples, de preparar o salmonete é provavelmente fritando-o no azeite de oliva ou em outra espécie de gordura (ou em uma combinação delas). Se quiser, passe os filés na farinha de trigo antes de fritar. O azeite de oliva é tradicional no Mediterrâneo – e tradição em geral significa que algo é valorizado pelos seus habitantes não há décadas, mas há séculos. E por ótimos motivos.

Não existe carne mais delicada para se fritar do que a do salmonete. Não aqueça demais o azeite. O fogo tem de estar no mínimo, com o azeite quente, mas não muito, o bastante para não espirrar demais. Coloque os filés com a pele voltada para baixo. É muito importante que você frite esse lado primeiro, achatando os peixes com uma espátula, se for preciso. Se você não o fizer, eles vão se enrolar, tornando a fritura do outro lado impossível. Você é quem vai dizer, mas talvez o tempo de preparo demore só um minuto, mais ou menos. Então vire os peixes e frite do lado sem pele por metade do tempo do lado com pele. Talvez 20 segundos seja bom, dependendo do tamanho dos filés. Quando estiverem prontos, retire-os do fogo e disponha-os sobre papel-toalha para secar.

Quanto ao molho, fica à sua escolha. Um vinagrete, um *beurre blanc* ou até mesmo uma emulsão horrorosa dessas que vêm em vidros. (Saiba que essa última opção não é recomendável.) Por causa de seu sabor marcante, o salmonete combina bem com emulsões mais ou menos robustas, que misturam gordura e algo ácido. Alguns molhos franceses incorporam o fígado do peixe, enquanto outros usam ervas frescas e secas, que casam maravilhosamente com essa espécie. (Sugestões: hortelã, tomilho, manjerona, alecrim e até erva-doce fresca picada.) Ao fazer salmonete, pense em sabores robustos e em uma combinação forte de gordura e elementos ácidos.

No fim dos anos 1990, eu e um amigo fizemos um passeio turístico de um dia em um pequeno iate na costa de um pequeno porto na Turquia. A bordo estavam ainda dois membros da tripulação e quatro turistas, que por acaso eram turcos visitando parentes. À distância, notamos que as redes quase cheias que os poucos barcos pesqueiros estavam puxando continham peixes que eram mais ou menos do mesmo tamanho – miniaturas. Poucos tinham outra cor além do prateado. Mesmo naquela época, o salmonete estava virando uma iguaria rara naquela região particularmente primitiva do Mediterrâneo. "E para o almoço", disse o comandante, "teremos cerca de 30 salmonetes" – que ele fritou em uma panela. A tripulação e os outros mostraram pouco interesse naquilo; desconfio que porque comiam aquele peixe com freqüência. Mas eu e meu amigo nos deliciamos com salmonete até o último bocado.

052 salada fresca da horta

Um amigo meu rumou para uma existência auto-suficiente em Adelaide Hills, na Austrália. Aquilo mudou sua vida, disse ele. Confrontado com a necessidade de matar seres vivos para sobreviver, ele se tornou um ser humano mais humilde. Ele mesmo cultivava seus legumes e frutas, preparava seu pão e matava e esfolava seus animais de diversos tipos e tamanhos. Tudo aquilo foi ótimo para a sua alma, segundo ele.

O grande chef francês Joel Robuchon certa vez cozinhou na minha casa. Sempre que o fazíamos, matávamos seres vivos. Para ele, os melhores cozinheiros eram aqueles que tinham respeito pela vida em geral. E ninguém que tivesse morado em uma fazenda australiana tradicional – ou em uma vila italiana – poderia ter escapado incólume do ritual detestável, necessário e extremamente respeitoso de matar um carneiro ou um porco.

Uma das minhas maiores preocupações por muitos anos foi a de ser capaz de compor um prato com ingredientes frescos recém-colhidos da minha horta. (Isso não exigiria que eu matasse um animal, o que duvido ser capaz de fazer.) E quero literalmente dizer "recém-colhidos"... Minutos antes, de preferência. Por fim consegui meu intento quando cultivei minhas próprias e maravilhosas echalotas (com casca em tom de marrom), tomates (ver "Um tomate cultivado em casa") e manjericão (estes dois últimos planto ainda hoje). Em geral havia sempre ameixas o suficiente (ver "Minha geléia de ameixa") para fabricar meu próprio vinagre de ameixa, que eu misturava com azeite de oliva virgem e espalhava sobre os tomates recém-fatiados, as echalotas picadas e ramos de manjericão. Salpicava isso tudo com pimenta-do-reino preta moída na hora e me sentia próximo de um campesinato urbano, daquela capacidade inteligente de viver do que a terra dá.

Não planto mais echalotas porque elas são baratas e abundantes nas lojas e nos mercados, e já faz anos que não preparo mais o vinagre. Estou ficando preguiçoso. Recentemente, porém, tem havido alguns bons sinais; tenho sentido saudades do prazer de minha salada de tomate. Tenho duas oliveiras que talvez possam me salvar. A primeira já tenho há anos, mas ela sofreu tantas desventuras por ter sido transplantada que só agora parece estar ficando feliz. Em quase uma década ela só produziu cerca de cinco azeitonas. A segunda só tem um palmo de altura, mais ou menos. Mas não tenho esperança de que no futuro eu seja capaz de fabricar meu próprio azeite de oliva. Isso vai me estimular a preparar o vinagre, o que por sua vez me fará voltar a cultivar as echalotas e a misturá-las com tomates e manjericão. Espero que isso tudo aconteça antes da minha morte.

053 abacate frito

Você sem dúvida deve estar se perguntando se sou louco. Sim, talvez, mas não quando o assunto é abacate frito. Se tem uma fruta que é mal explorada, é o abacate. O abacate é abundante e barato, mas poucos chefs, que dirá cozinheiros amadores, parecem ter vontade de fazer experimentos com ele. A textura extremamente sedutora do abacate deve ter deixado todos estupefatos, creio eu, e por isso eles não conseguem olhar nada além disso. O abacate tem dois usos culinários, acreditam eles: ou você o fatia e coloca em saladas ou o alterna com caudas de lagosta. E pronto. Bem, eu trago boas notícias para eles... e para você, claro.

Comecei a fazer experiências, acreditando que deveria haver outras coisas que adultos responsáveis pudessem fazer com um abacate maduro. Primeiro, devemos considerar a maneira como os franceses o preparam. Cada comensal recebe metade de uma fruta, sem o caroço. No buraco onde estaria o caroço vai um ótimo vinagrete (ver "Um vinagrete de verdade"). Se quiser ser mais chique, pode acrescentar caudas de crustáceos, ervas, ostras ou mexilhões sem as conchas.

Então perguntei a mim mesmo: será que a polpa delicada do abacate se despedaçaria quando cozida? Essa era a questão-chave, achava eu, porque raramente encontramos abacate a uma temperatura mais alta do que a temperatura ambiente. Coloquei pedaços dessa fruta maravilhosa, com espessura menor que a de um dedo, em papel-alumínio sob a grelha. O que mais me surpreendeu foi como eles mantiveram tão bem sua forma e seu sabor. Curiosamente, também adquiriram um aroma de bacon fresco ao serem cozidos – não estou inventando. (Um químico provavelmente seria capaz de explicar por quê.) E seu gosto era... de abacate cozido.

Os pedaços fritos na manteiga ficaram muito mais interessantes, pois alcançaram o status gastro-santificável exigido para sua inclusão neste livro. Eu antevia servi-los com um acompanhamento de sal marinho fresco e uma ou duas pitadas de pimenta-do-reino preta moída na hora. Podia imaginá-los também lindamente – talvez uma opção até melhor – imersos em uma leve mistura de ovo batido e depois fritos, a fim de criar uma espécie de "chips" de abacate. E quando preparo uma omelete hoje, coloco cubinhos de abacate com algum queijo italiano duro ralado. Alho-poró picado refogado na manteiga serve de acompanhamento.

Os abacates são nativos do México e o maravilhoso livro *Food*, de Waverley Root, nos diz que seu nome é a corruptela de uma expressão que significa "árvore de testículos". Nunca examinei a questão a fundo, mas aparentemente eles crescem em pares. Root afirma que o abacate já era cultivado no Peru sete séculos antes da era cristã. O *Larousse Gastronomique* o menospreza em suas 13 linhas, afirmando de nariz torcido que é "muito apreciado pelos americanos".

Em sua *Encyclopedia of Food & Cookery*, Margaret Fulton mais ou menos se desculpa com o subtítulo "Formas de usar abacates". Daí oferece muito mais do que a maioria dos livros: meia dúzia de saladas, uma musse, uma sopa (com caldo de galinha), um molho, um molho para salada e abacates assados recheados com "creme de frutos do mar, presunto ou frango". Mesmo assim, ainda me sinto tentado a citar a canção: "*Is that all there is?*"[11]. E definitivamente continuarei com meus experimentos.

---

11 – Canção de Jerry Leiber e Mike Stoller, gravada por Peggy Lee, em 1969. Numa tradução livre: "Isso é tudo?". (N.T.)

054 robalo ao vapor, de preferência pescado por você

Por que pescado por você? Porque você será capaz de garantir tanto a identidade do peixe quanto o seu frescor. De todos os peixes de barbatana servidos na culinária australiana, o robalo é sem dúvida o de mais alta conta. Isso significa que é o peixe cujas origens e autenticidade estão mais sujeitas a serem forjadas pelas redes comerciais que existem entre você e as águas de estuários onde essa espécie supostamente é pescada.

Outra coisa sobre robalos: a qualidade de sua carne muda de maneira drástica de acordo com a estação e os melhores espécimes são provavelmente pescados no fim da estação das chuvas, o que coincide com o inverno no sul da Austrália. Após se alimentar com uma abundância de insetos e de água, esses peixes supostamente seriam uma iguaria fina. Não sei ao certo quando a maioria dos robalos que comi foi pescada, por isso não posso manifestar uma opinião quanto a isso.

Porém, pesquei o meu próprio robalo quando o peixe, segundo dizem, estaria mais malicioso, mais indolente, e havia depósitos de lama no tecido gelatinoso da base de suas nadadeiras dorsais. É por esse motivo, disse meu guia, rapidamente fatiando o peixe em filés e atirando o resto na água, que não se cozinha o robalo inteiro durante a época de seca ou no seu final.

O sabor e a textura dos peixes de mar são, de forma geral, consistentes e confiáveis. Um pargo, um *red emperor* ou um *rock cod*[12] nunca nos frustram: desde que estejam frescos, seus atributos gastronômicos são consistentes, uma vez que o ambiente marinho varia pouco durante o ano. Já o robalo, por sua vez, a depender da estação e da chuva, vive no mar, na água doce ou em um estuário de água salgada. Dependendo do clima, sedimentos e alimentação, sua carne pode ser de um branco puro e consistência gelatinosa ou mais fibrosa e de certa maneira lamacenta. Na sua época ideal, o robalo é um

---

12 – Peixes típicos da costa australiana. (N.T.)

peixe com carne de um branco adorável, mas de uma doçura leve e macia, que exige esforço de apreciação. Para saborear um bom robalo apanhado na vida selvagem, suas fontes de inteligência devem ser impecáveis. Pressione os garçons com perguntas incansáveis sobre as condições e a procedência do peixe. Muitos deles acabarão cedendo e lhe dirão que o robalo "selvagem" que você apreciará na verdade vem de um criatório, onde os peixes foram alimentados artificialmente até atingirem o tamanho de um prato, ao contrário dos gigantes que chegam a metros de comprimento encontrados nos rios do norte.

De qualquer maneira, trouxe no gelo meu primeiro robalo para Melbourne, na Austrália. O primeiro filé, saboreado naquela noite, tinha um sabor excelente – ainda que suave. E eu o preparei da maneira mais simples possível, oferecendo aos sabores do peixe a melhor oportunidade de se destacar. Em uma vasilha grande dispus um colchão de ervas frescas e "macias" da minha horta – salsa, manjerona, um pouco de hortelã, hortelã vietnamita e algumas rodelas de cebola. Espalhei um pouco de azeite de oliva ao longo do filé, temperei-o e cozinhei-o no vapor até que um sumo ligeiramente translúcido surgisse de sua carne perfurada. Já o segundo filé, que permaneceu durante mais ou menos uma semana no congelador, apesar de preparado da mesma maneira, não apresentou o mesmo sabor.

Se você preferir um prato mais trabalhado, pode cozinhar o robalo no vapor com cebolinha, rodelas de gengibre e salpicado de óleo de amendoim, ao estilo sino-vietnamita. Retire a água do vapor, mantendo ao mesmo tempo o peixe aquecido, e reduza-a com um pouco de molho shoyu para acompanhar.

055 massa fresca caseira

Simplesmente não perdoarei qualquer pessoa que não faça sua própria massa fresca em casa – e isso inclui os homens também – pelo menos uma vez na vida. A massa fresca é um universo paralelo ao de suas duras parentes comerciais. Na verdade, deve-se cozinhar a massa de modo diferente e mesmo apreciá-la de modo diverso. Deixe-me explicar.

Enquanto a massa comercial e dura que se come *al dente*, ou firme à mordida, é bastante substanciosa (no quesito carboidratos) e apreciada pelo molho que a acompanha, a massa fresca parcialmente seca consumida imediatamente após um breve cozimento é sensualidade pura. Ela escorrega e desliza, enrola e gira. É suave sobre a língua e macia entre os dentes.

De forma simplista, trata-se de uma *pole dance* de farinha e ovos. Se você gosta de sexo, vai adorar massa fresca. É um negócio terrivelmente safado. É só acrescentar molho e comer. (Convencido agora?) Para prepará-la, será necessário comprar uma máquina de macarrão, ovos e farinha. O primeiro elemento dessa lista pode lhe custar uns cem dólares, mais ou menos, mas durará muito depois que você estiver comendo no lugar de honra dos príncipes.

Eu faço uma massa tradicional que não leva nada além de farinha e ovos, recomendada em um livro que tenho há 20 anos, *Pasta*, escrito pelo papa do pappardelle de Melbourne, Tiberio Donnini. Também sigo as orientações de Tiberio. O que conta é o que se faz com a farinha e os ovos, claro (como sempre), mas às vezes, sem nenhum motivo aparente, mesmo com seus melhores esforços o resultado será ruim. (Não é culpa do Tiberio, devo acrescentar logo.) Então, o que vem a seguir pode ser encarado, em parte, como um procedimento de minimização de riscos.

Quebre os ovos em um buraco feito no meio da farinha disposta em uma vasilha grande. Misture tudo com um garfo, fazendo com que aos poucos essa mistura grudenta fique mais ou menos uniforme, mesmo que nem de longe parecida com massa de macarrão. Amasse a massa vigorosamente utilizando o pulso, como se empurrasse algo, por alguns minutos. Tente transformar a coisa toda em uma bola. Seu objetivo é no final obter uma superfície suave e uma textura flexível. Insira um dedo na massa – ele deve sair limpo; a massa deve ser elástica e o furo, desaparecer rapidamente. Se sua massa não se comportar tão bem assim, não se preocupe muito... ainda.

Coloque-a em uma superfície fria e enfarinhada (minha bancada de aço inoxidável é perfeita) e amasse um pouco mais, dobrando-a sobre si mesma até que fique com a textura de um bumbum de bebê, bem uniforme. Nesse estágio, você terá notado que até mesmo fazer massa de macarrão é um negócio extremamente sensual. Você se verá traçando linhas com as pontas dos dedos sobre sua superfície com mais freqüência do que seria de se imaginar, e esperar que não haja ninguém o observando. Você traz sua câmera digital e... Não, não, não, não faz nada disso. Apenas continua amassando. Talvez leve uns 20 minutos para obter o ápice da consistência e maciez e, quando isso acontecer, sua massa estará verdadeiramente elástica. Deixe-a descansar sob uma vasilha virada de cabeça para baixo por meia hora.

Gire firmemente sua máquina de macarrão, que vai tanto transformar a massa em lâminas quanto cortá-la em fitas de fettuccine ou tagliatelle. Divida a massa em quatro e com a máquina transforme cada parte em fatias finas e largas. Nesse estágio você saberá se sua massa presta: ela pode se quebrar em linhas onde falta farinha; pode se esmigalhar; pode se recusar a entrar na máquina. A massa malfeita é inteligente; cospe nos bobos. A massa que foi bem disciplinada pelo amassamento se deixa manipular de forma libertina e prazerosa. (Você pega a câmera digital... Lá vou eu de novo. Alguém me ajude!)

Deixe as fatias secarem sobre encostos de cadeiras de madeira e cabos de vassoura – o que estiver à mão – por umas duas horas, antes de transformá-las em fitas. Se você cozinhar uma massa muito úmida, as fitas tenderão a grudar mais do que os membros de um partido em uma disputa eleitoral. A massa fresca deve ser acrescentada a uma panela com água fervente com sal e um fio de óleo por três a quatro minutos. Experimente a textura ao longo do cozimento. Pare quando ela estiver o mais sexy possível. (Você é quem sabe como gosta da massa. Nesse estágio você pode querer até...) Escorra bem e acrescente apenas os acompanhamentos mais simples. Um punhado de ervas picadas recém-colhidas de sua horta, azeite de oliva e alho amassado, picado e frito são uma maravilha. Adicione uma ou duas pitadas de pimenta-do-reino preta moída na hora; pegue a câmera digital...

056 quiabo preparado na panela wok

Algumas pessoas estranhas que conheço não gostam de quiabo. Mas já vi sacolas gigantescas desse legume serem dispostas na única barraquinha de quiabo existente no mercado da minha região – e as hordas descem em busca delas antes mesmo que os vietnamitas terminem de esvaziá-las. Mãos frenéticas mergulham em busca dos quiabos. É um frenesi, eu lhe digo, algo parecido com o que acontece na hora da comida dos animais no zoológico. E algumas das mãos que cavoucam os quiabos frescos pertencem a australianos comuns, de aparência anglo-céltica. (Embora os caras mais bem vestidos sejam sempre asiáticos e negros.)

O quiabo é simplesmente um troço maravilhoso e, se você não gosta de seu exterior crocante e aveludado e de seu interior viscoso e brilhante, que abriga sementes arredondadas e brancas, então não prossiga esta leitura. Formalmente falando, o quiabo é uma vagem do tamanho de um dedo da *Abelmoschus esculentus*, arbusto que é uma das milhares de espécies da família vegetal Mallow. (Entre seus membros incluem-se o algodoeiro e o hibisco.) Eles são melhores quando colhidos pequenos e tenros. (Alguns quiabos importados, que vêm conservados em frascos ou latas, chegam a ser apenas do tamanho de uma unha.) Sua forma é pontuda, mais parecida com um chapéu de duende nervurado. Só vi da variedade verde-escura, mas em alguns lugares do mundo ele pode ser branco, vermelho ou roxo.

Algumas fontes afirmam que o quiabo provavelmente é nativo do oeste da África e foi levado para as Américas pelos escravos. Diz-se que os angolanos o chamam de *ochingombo*, que virou "gumbo" nos Estados Unidos. E é mais conhecido pelo prato "gumbo", do sul dos Estados Unidos, uma espécie de ensopado que costuma conter quiabo. Fatiado finamente, era utilizado como espessante, graças à viscosidade maravilhosa de seu interior. Atualmente, usam-se mais outros agentes espessantes. Embora seja incomum, como um prato em si, na cozinha texana há uma refeição que combina quiabos e tomates, e há ainda um pilau de quiabo apelidado de Limping Susan. E em resposta ao artigo que certa vez escrevi sobre o quiabo, os leitores me inundaram de receitas, várias delas de origem africana.

O truque para fazer o quiabo palatável para a maioria das pessoas é branqueá-lo – depois de retirar um mínimo de suas pontas –, retendo seu caráter crocante, mas, o que é mais importante, sem desperdiçar sua viscosidade interna. Até mesmo os quiabos maiores não devem ser cozidos por mais de cerca de quatro minutos. Depois de escorridos, simplesmente os refogue rapidamente na panela wok com óleo de amendoim – ou outro óleo vegetal – com gengibre, chili, alho, capim-limão, vinho de arroz e molho shoyu. Salpique com folhas rasgadas de coentro.

057 *mâche*

Você absoluta e positivamente deve provar esse negócio antes de ser consumido pela terra. Senti tanta falta da *mâche* quando retornei da França que comecei a passar suas sementes clandestinamente pela alfândega do aeroporto australiano de Melbourne nas viagens seguintes. A *mâche* é simplesmente a melhor das saladas verdes.

Há mais ou menos dez anos, começaram a ser disponibilizadas versões insípidas na Austrália e diversos restaurantes da moda utilizam-nas para guarnecer pratos principais ou atirá-las em suas saladas. Mas é *la mâche* em si que merece atenção – apenas ela, desacompanhada, do modo como estou prestes a revelar.

O formato das folhas curtas desta salada é um tanto lingual e você provavelmente as encontrará em alguns lugares pelo nome de *lambs'-tongues lettuce*[13] (o local do apóstrofo que indica posse e se o nome está se referindo a uma língua ou a várias delas, já são um prato cheio, é claro, para um *best-seller* sobre pontuação. Mas sei que infelizmente outra pessoa já o escreveu). Ela também pode ser chamada de *lamb's lettuce* ou *corn salad*. Há vários tipos de *mâche*, com folhas variando em torno de quatro a oito centímetros de comprimento e de dois a quatro centímetros de largura, e apresentam coloração gramínea lavada ou verde bem escuro.

A melhor combinação entre tamanho e cor é a da folha pequena verde-escura e talvez nunca encontremos *mâche* dessa cor na Austrália. Precisamos viajar até a França para desfrutar propriamente seus encantos. Tentei cultivá-la, sem muito sucesso, em meu quintal em Melbourne. As sementes francesas foram imigrantes indiferentes, o que não me surpreendeu. Elas ansiavam pelas suaves ondulações em torno de Nantes (ver "Um *beurre blanc* de verdade"), a sudoeste de Paris, de onde se origina a maior parte das 24 mil toneladas de *mâche* cultivadas a cada ano na França. Trata-se de uma salada difícil; é preciso desenterrar a minúscula plantinha inteira, remover as raízes e lavar bem o resto, mas muito bem mesmo. Ela tem o hábito de permanecer suja.

Mas você deve prová-la, como insisti no início desta seção, pois ficará gastronomicamente empobrecido se não o fizer. Esta verdadeira rainha das saladas foi primeiro cultivada entre videiras ou ao lado de plantações de cereais antes de ser levada para os jardins dos camponeses no século XVIII. No século XIX, seu consumo já estava completamente instituído e certa fonte revela

---

13 – Em português, trata-se da alface-de-cordeiro ou, ainda, alface-do-campo ou valerianela. (N.T.)

que um famoso restaurante parisiense anônimo criou a "salada Vítor-Emanuel", cujo protagonista era a *mâche* (os outros ingredientes eram o aipo-rábano e a beterraba), em homenagem às relações amistosas franco-italianas.

Oitenta por cento dos franceses dizem que a comem regularmente e o consumo continua crescendo. Isso pode explicar por que eles são tão saudáveis. A *mâche* é rica em ácidos graxos ômega 3, ácido fólico, antioxidantes, ferro (em quantidade equivalente à do espinafre) e proteína vegetal, tem sabor gramíneo, adocicado e nucelar, ainda por cima. Misture-a com seu próprio vinagrete (ver "Um vinagrete de verdade") feito com algum óleo forte de semente, como o de noz, que complementa seus sabores acentuados. Como alternativa, pique um ovo cozido duro e salpique-o sobre as folhas de *mâche* antes de misturar a salada e o tempero.

058 sardinhas frescas

Não sei se você é bom em artes marciais, mas, no mínimo, ameace mostrar quem manda na sua peixaria local se as sardinhas que vender não forem frescas. Elas parecem ser cada vez mais vendidas congeladas – ou em processo de descongelamento. Você sabe como é: quando as dobramos, é como se escutássemos uma geleira rachando na Antártida. As sardinhas simplesmente não são as mesmas quando congeladas e descongeladas. Nenhum fruto do mar o é, mas as sardinhas parecem sofrer a maior deterioração. Deixe os peixeiros dizerem que o clima tem sido rigoroso. A minha réplica é que qualquer desculpa é ruim e as sardinhas congeladas deveriam ser transformadas em proteína de peixe para a engorda de outras espécies e animais (você sabia que alguns frangos cultivados comem peixe?).

As sardinhas frescas são maravilhosas: seu sabor é tão intenso e a carne, tão naturalmente oleosa, exalando excelência! A maioria das pessoas simplesmente as frita, e não há nada melhor. Destripe-as, corte fora as cabeças, empane-as levemente, sacudindo o excesso de farinha, e frite-as na gordura em fogo médio. Podem ficar bem douradas e crocantes por fora sem prejuízo algum para o sabor da carne próxima à espinha dorsal. E, no caso desta espécie, recomendo a fritura só na manteiga. A manteiga lhes dá mais substância e também tende a selar e dourar sua pele mais rápido. O que combina com sardinha frita? Pão caseiro fresco e substancioso e uma excelente manteiga sem sal (você vai querer temperar a sardinha loucamente enquanto come).

Hesitei apenas momentaneamente antes de acrescentar outra idéia a esta seção: sardinhas à escabeche. O preparo de peixes deste modo tem origens provençais e bascas. Já que se fritam peixes pequenos, por que não sardinha? Experimentei fazê-lo, acomodando-as num prato fundo depois de fritas. Faça um *court-bouillon* fervendo uma mistura de vinagre, água (ou caldo de peixe), rodelas de cenoura, dentes de alho, pedaços de aipo, uns dois raminhos de tomilho, duas folhas de louro, talos de salsinha e condimentos. Despeje-o ainda quente sobre as sardinhas. Deixe esfriar antes de guardar o escabeche na geladeira por pelo menos 24 horas. Coma quando estiver pronto.

059 *coral trout* versus *red emperor* [14]

Por um fio, o *coral trout* (*Plectropomous leopardus*) acaba de levar vantagem sobre o *red emperor* na linha de chegada. A disputa? Qual deles possui a carne mais primorosa. E pela menor das margens o *coral cod* (*Lotella rhacina*) vence uma trifeta de peixes de água quente de sabor superlativo. Os europeus e os norte-americanos simplesmente não chegam a seus pés. Contanto que respeitadas as devidas

---

14 – *Lutjanus sebae*. Peixe típico da costa australiana e do sul asiático. (N.T.)

providências especiais de transporte, é possível comprar esses príncipes piscatórios até mesmo nos estados do sul da Austrália.

Na Europa, há a tão adorada solha, cujo sabor peculiar lembra o petróleo; a perca, infamemente sem gosto; e o túrgido rodovalho. Como delícias culinárias, nossas três estrelas dos trópicos os nocauteiam facilmente para o fundo do mar. Primeiro, são peixes grandes, perfeitos para serem assados inteiros. Segundo, tanto o *emperor* quanto o *trout* são de uma coloração vermelho-alaranjada cativante, que pode ser preservada durante o cozimento (ambos também são atraentemente pintados). Terceiro, suas carnes são brancas e extremamente adocicadas – a do *cod*, ao ser cozida, adquire uma gelatinosidade macia e translúcida, típica do gênero Gadus. De todos eles, porém, o *trout* simplesmente vence pela doçura suculenta e espetacular, e pela maravilhosa carne branca.

Seu desafio será obter esses peixes recém-pescados, pois é melhor comê-los o mais frescos possível (pescar os seus é a melhor maneira de fazê-lo). E devido às suas características maravilhosas e sabores fortes, não defendo nenhum tipo de micagem culinária com eles. Caso não vá assá-los inteiros, é possível empanar os filés levemente com farinha temperada – mais sal do que pimenta – antes de fritá-los ligeiramente na manteiga. Nesse caso, prefira a manteiga a outras gorduras e óleos, pois a substancialidade desse laticínio complementa a profusão de sabores dos peixes.

060 lula fresca preparada na panela wok

Você já deve ter notado que sugeri fritura oriental e legumes asiáticos diversas vezes neste livro, especialmente para preservar a delicadeza dos frutos do mar. E lá vou eu de novo, recomendando-lhe que preste as honras à rainha dos cefalópodes. Como eu adoraria ter um daqueles queimadores wok turbinados que se vêem nos restaurantes chineses! Você sabe quais são. O cozinheiro acende o fogo, o bico de gás grita como um jato em decolagem e chamas impetuosas brotam sobre o aço. Tal calor permite um cozimento extremamente rápido, selando os sucos e o sabor. Diz-se que para uma wok funcionar ela deve estar quente o bastante para fazer um feijão falar besteira.

Prefira, aqui também, a lula inteira, comprando o cefalópode fresco. Não a compre em anéis, quase sempre congelados, nem cozinhe em fogo baixo por meia hora no molho de tomate, como fazem os europeus. Nós simplesmente sabemos fazer melhor. E não é preciso amaciá-la como recomendam algumas fontes supostamente especializadas. Que heresia! Meu último conselho preliminar é ser criterioso quanto ao que comprar. Existem lulas, sibas e polvos, e todos eles tendem a ser amontoados juntos. Num píer australiano, ninguém que tenha uma isca num anzol ao final de uma vara incrivelmente longa concordaria em fazer isso.

A lula é a rainha dos cefalópodes e pronto – algo primoroso, que se deve provar ao menos uma vez na vida. Uma delas inteira às vezes assusta o cozinheiro amador, especialmente se este for de descendência anglo-celta. Não tenha medo! O preparo é rápido e fácil. Basicamente, arrancam-se a cabeça, as entranhas e os tentáculos da bolsa do corpo, utilizando-se os tentáculos e a bolsa como comida. Pode-se dissecar o saco de tinta da cabeça, mas eu não o faço, pois não gosto de tinta de lula. Cortar os tentáculos da cabeça é simples, mas a bolsa do corpo, que contém a maior parte da carne e compõe os familiares anéis, é um pouco mais complicado. Primeiro, sinta onde está a "barbatana", o "espartilho" que mantém a lula inteira. Afrouxe os músculos ao redor para expor alguns milímetros dela, agarre e puxe de uma vez. Remova a membrana mucosa da bolsa para revelar a maravilhosa e familiar carne da lula, esbranquiçada e translúcida. Depois de limpos em água corrente, os pedaços de carne estão prontos para ser cortados em anéis ou filetes.

Começo fritando alho amassado e picado e pimenta fresca em algum óleo vegetal antes de colocar os anéis, umedecendo a mistura com mirin (vinho de arroz adocicado para culinária) e shoyu. Pode-se incluir ainda gengibre fresco e capim-limão. Os anéis ficarão prontos em alguns minutos, dependendo da potência do fogo – espere até que a translucidez esteja quase opaca e então sirva. Misture a lula ainda quente com uma salada verde fresca, se quiser: o resultado é igualmente sublime.

Oficialmente, há cinco tipos de lula no mercado australiano – arrow, mitre, californiana, sulista e do norte. A arrow (*Nototodarus gouldi*) é pescada ao sul da Austrália, enquanto a mitre (muitas espécies do gênero Loligo) habita o norte do país. A primeira possui "asas" bastante pronunciadas – o manto – de cada lado da bolsa corporal, o que dá um formato de Concorde à metade inferior traseira do seu corpo. Deve-se cozinhá-la de modo igualmente sofisticado. É possível preparar lula num churrasco, mas lembre-se dos queimadores wok dos restaurantes: quentes, rápidos e rasteiros.

061 abalone de várias maneiras

Gostaria que você provasse abalone antes de nos deixar, por nenhum outro motivo além da curiosidade. Na minha opinião, uma maneira é melhor do que a outra para prepará-lo, embora alguns apreciadores deste univalve nodoso e achatado cantem seus louvores gastronômicos para bem além de onde você e eu estaremos repousando daqui a um século, sinceramente os considero decepcionantes. Seu sabor enjoativo possui um toque de plástico. Mas vá dizer isso aos gourmets de Hong Kong, na China, ou a um mergulhador da ilha Flinders, situada entre a Tasmânia e a Austrália! Em Hong Kong, abalone, barbatana de tubarão, lagosta e baba de andorinha são considerados ingredientes majestosos – incomparáveis. Pode-se discutir por horas sobre os méritos relativos do abalone cultivado ou selvagem, e se eles são melhores frescos, congelados ou secos. Na ilha Flinders, o mergulhador preparará um churrasquinho, no qual assassinará o que pescou, literal e figurativamente.

Atente para o fato de que os australianos chamavam o abalone de "peixe-carneiro" e provavelmente o tratavam com o mesmo descaso reservado ao carneiro castrado escolhido para o abate da semana. Seu sabor insosso, indistinto e sua textura borrachuda e dura dificilmente convencem a se fazer concessões gastronômicas a esse animal. De fato, há alguns anos, na ilha Flinders, observei um homem e seu filho pescarem o equivalente a centenas de dólares desse parente do caramujo, originário de águas geladas não muito mais profundas do que a altura de um homem. Eles estavam em uma embarcação à vela, bastante miúda, a uma pequena distância da costa e ficaram no mar por não mais do que 20 minutos. Então manusearam a pesca como se os abalones fossem tão comuns quanto ovos apanhados em um galinheiro no quintal. Como habitantes locais, eram autorizados a pescar uma quantidade limitada dessa suposta iguaria (as águas da Tasmânia, incluindo as das ilhas do estreito de Bass, estão entre as mais ricas em abalone do mundo e contribuem com um quarto da sua pesca selvagem global anual; somas inacreditáveis são espalhadas por aí para a compra de licenças, que somam algo próximo de uma centena).

A maior parte da pesca daquele dia era composta de abalone de lábios negros (*Notohaliotis ruber*). Segundo os habitantes locais, os de lábios verdes (*Schismotis laevigata*), dos quais só havia uma pequena quantidade, eram mais saborosos. O grande músculo central cilíndrico cinzento foi arrancado impiedosamente de cada concha e as vísceras ao redor removidas. Então, cada "peixe", como os abalones são chamados pelos habitantes de Flinders, foi batido ferozmente com um martelo, até quase se tornar uma polpa (não pude fazer nada – eles é que estavam com a arma). Marinados em óleo, vinagre e ervas por cerca de duas horas, os abalones foram depois "cozidos" num fogão portátil. O veredicto? Nada digno de virar um texto para eu mandar à terra firme.

Nos restaurantes asiáticos, o abalone é tratado com muito mais respeito (mas ainda tenho minhas dúvidas quanto aos resultados). Experimentei-o em um dos mais respeitados restaurantes de

Hong Kong. Pequenos "peixes" chegaram intactos, cobertos por um molho pegajoso e translúcido. Tinham uma textura rijamente gelatinosa e um sabor esfumaçado, plástico, bastante insípido. Seu gosto precisa de complementos.

Abalone cru? Num sushi bar em Melbourne, há alguns anos, notei alguns abalones vivos do tamanho de mexilhões, grudados ao vidro de um aquário. Meu filho pequeno experimentou o pedaço de um, ao estilo de sushi. Não gostei da maneira como a carne se contorcia enquanto ele a levava à boca. Ele achou divertido e comeu entusiasticamente.

Mas não importa o que eu acho, certo? O abalone é um sucesso. A indústria da Tasmânia, que tem quase o dobro do tamanho do estado de Victoria, na Austrália, foi avaliada em 128 milhões de dólares em 2000. A maior parte dos frutos da pesca é congelada ou enlatada praticamente na hora – após terem sido pagos aos mergulhadores os preços "de praia", mais de 50 dólares o quilo. Cerca de três quartos dessa pesca seguem para Taiwan e Hong Kong. E a pesca ilícita é um problema mundial. Tat Sang Loo, um assistente de cozinha em Melbourne, ganhou mais de 1,2 milhão de dólares em um ano com o abalone, o que foi revelado quando ele se declarou culpado de 14 acusações no Victorian County Court, o tribunal de Victoria, em 1999.

O abalone não é tão conhecido na Europa. Os "ormers" das ilhas do Canal, como são chamados, aparentemente numa elisão do francês "oreilles de mer" ("orelhas-do-mar"), tradicionalmente são cozidos. Segundo um apreciador, sua carne é primorosa e tenra, de sabor semelhante à vitela. Em sua receita, despedaça-se o ormer removendo as vísceras, esfrega-se o animal todo, furando ambos os lados com um garfo e atacando-o "vigorosamente com um pau de macarrão" (surpreende-me como algo de aparência tão pacífica como o abalone incite tanta violência em homens adultos). São em seguida secos, empanados, temperados e fritos na manteiga até estarem ligeiramente dourados. Depois, são cozidos por várias horas em mistura *roux* (farinha, manteiga e caldo). Não se pode mergulhar para pescar ormers das ilhas do Canal, mas é possível simplesmente apanhá-los – com restrições – acompanhando as gigantescas marés da primavera.

Em seu livro *Tastes of the Channel Isles*, Amanda Closs fornece uma outra versão, chamada "enne frichachie d'ormes", que acrescenta bacon, cogumelos, ervas e molho ou caldo de carne aos ormers. Estes são então assados, cobertos, por cinco horas ou mais. Há ainda mais uma receita, em que são cozidos com cenoura e folhas de louro. Prove qualquer uma que lhe aprouver, mas não me culpe caso não se impressione.

062 berinjela frita

Em muitos países, a berinjela raramente é sujeita à originalidade culinária. Tende-se a vê-la preparada de uma só maneira, num guisado de legumes de verão. E há, é claro, toda uma gama de guisados de legumes de verão. Há berinjela com tomate e cebola. Tomate com berinjela, cebola e tomilho. Tomate com cebola, berinjela, tomilho e alho. E até berinjela com cebola, alho, manjericão, tomilho – e tomate, lógico... Tenho certeza de que você está me acompanhando. Até na culinária tailandesa berinjelas mosqueadas do tamanho de ervilhas acabam contribuindo com seu sabor para os refogados.

Eis que, certo dia, fui a um restaurante vietnamita e comi berinjela derretida, da cor de jade, que havia sido despachada dos céus por luz irradiante. Estava magnífica: foi como ver uma solteirona desajeitada passar por uma transformação milagrosa. A carne da fruta (é isso o que a berinjela é) estava sensual ao extremo. Os bons católicos que a haviam comido matutavam se deviam ou não fazer uma confissão.

Pode-se alcançar esse resultado em casa muito facilmente. Primeiro, não há problema nenhum em comprar berinjelas grandes demais; este é um legume que não perde textura nem sabor quando atinge o tamanho GGG. Descasque a pele roxa e corte as berinjelas em fatias grossas. Salgue-as com o sal mais barato que tiver na despensa e descanse as fatias numa tigela. Depois de cerca de meia hora, a tigela estará meia cheia com água da cor de chá, proveniente das fatias. Milagrosamente, tal procedimento não as torna salgadas em excesso; apenas concentra seu sabor suave e maravilhoso.

Depois que as fatias tiverem expelido essa água, seque-as com papel-toalha. Um astuto cozinheiro croata que conheço ensinou-me o próximo truque. Empane as fatias, mas não com farinha comum. Use farinha com fermento, sacuda o excesso e frite-as em fogo baixo numa camada fina de óleo de oliva, virando-as conforme douram. Crocantes por fora e de uma translucidez jade por dentro, elas são simplesmente mágicas.

062 ovos benedict

Para cafés-da-manhã e brunches, os ovos benedict são imbatíveis. Essa frase parece ter saído de uma propaganda? Talvez. Mas certamente há uma boa razão para sua popularidade. Parece que todo restaurante que serve brunch oferece a versão beneditina dos ovos com bacon. E comer uma versão realmente boa desse clássico é ser transportado para outra estratosfera, graças ao sabor de manteiga realçado pelo molho holandês (ver "Um molho holandês de verdade") e pela boa camada de carboidratos.

A qualidade dos muffins, específicos para este prato, é geralmente onde a maioria das versões falha. As padarias comerciais fazem muffins terríveis. (Não posso dizer isso muito alto.) E se você não conseguir bons muffins, não conseguirá fazer bons ovos benedict. Felizmente, há alternativas aceitáveis, como bagels e brioches. Assim, escolha o pão de sua preferência sobre o qual colocar os ovos, mesmo que não seja necessariamente um muffin. E não utilize muffins cobertos de frutas secas!

Depois, você precisará de ótimos ovos com bacon, o que sei que será capaz de encontrar. O desafio será o molho, mas, se seguir minhas instruções fáceis, ele ficará excelente (ver "Um molho holandês de verdade"). Depois, é só montar o prato. Meio muffin – ou a sua escolha de carboidrato – tostado e levemente amanteigado vai ao prato primeiro, seguido por bacon frito na manteiga. Eu não gosto dele muito crocante, mas pode ser a sua preferência. Procure escaldar os ovos com o mínimo de vinagre possível – ou mesmo nenhum – na água. Se houver acidez em excesso, ela será terrivelmente penetrante. E sempre seque bem os ovos pochés. Depois, os ovos vão sobre o bacon e o molho holandês sobre os ovos.

Já li a respeito de três origens diferentes dos ovos benedict. Em sua *Encyclopedia of Food & Cookery*, Margaret Fulton afirma que foram inventados em um restaurante chamado Brennan's, em Nova York, nos Estados Unidos. Fazendo-se uma pequena busca na internet, porém, tem-se a informação de que teriam sido concebidos na década de 1860 pelo chef Charles Ranhofer, do Delmonico's, localizado na mesma cidade, a pedido da senhora LeGrand Benedict, freqüentadora assídua do Delmonico's, que desejava um prato novo para o almoço. Ou se pode ainda descobrir que foram criados em 1894 no hotel Waldorf para o corretor da Wall Street Lemuel Benedict, que queria algo capaz de curar uma ressaca. Suspeito que os ovos benedict só curam ressacas se maravilhosamente preparados (e se você beber muita água na noite anterior). Não há nada de curativo em sua constituição fisiológica.

Devo acrescentar a versão do meu amigo Robbo para o grande benedict. De maneira razoavelmente lógica, são chamados de ovos do Robbo, e ele os escalda num encorpado caldo de galinha, o qual dispensa depois que os ovos estão prontos. Além disso, seu molho holandês é temperado com vinho tinto. Tudo parece ótimo, mas eu reprovo o desperdício do caldo. Ele simplesmente ignora a regra número um da culinária: nunca jogue nada fora. Assim, sugeri que, depois de escaldar os ovos, ele coasse o caldo e fizesse um molho de manteiga com ele. Então teríamos ovos do Robbo ao estilo benedict com dois molhos.

VALE O ESFORÇO

064 mil-folhas da Judy, de Sorrento

Era uma vez um milhão de mil-folhas soltos por aí na cidade nua. Esta história é sobre um deles. De fato, quando eu era jovem, as lendárias confeitarias Herbert Adams contavam com dois campeões (na verdade, havia vários outros, incluindo rocamboles e bolos esponja, mas em tamanho pequeno eram só dois). Eram eles o mil-folhas e o que se chamava de torta neenish, a qual, de acordo com uma fonte, foi inventada por um certo Ruby Neenish, de Grong Grong, Nova Gales do Sul, Austrália, em 1913. Segundo Margaret Fulton, eram tortinhas redondas recheadas com pasta de açúcar de confeiteiro, manteiga e leite condensado, e com uma camada plana de cobertura cujas metades eram uma de cada cor: branca e marrom, branca e rosa ou rosa e marrom. Eram maciçamente encorpadas e doces, e nós, quando crianças, as adorávamos.

Mas voltemos aos mil-folhas. A julgar pelas respostas que tive sempre que os mencionei em meus escritos, são o doce favorito dos australianos. Ainda assim, possuem uma longa história em outras culturas, tratando-se essencialmente de massa fina recheada com creme. É claro que existem inúmeras variações dessa idéia básica e me lembro de que a massa do mil-folhas da Herbert era bastante fina, achatada e folhada, e o recheio era de um amarelo claro e vivo. Além disso, a textura deste era implacável – firmemente gelatinosa. A camada de massa do topo era coberta por meio pote de glacê.

Pelo menos no estado australiano de Victoria, hoje em dia, levar para casa um ótimo mil-folhas é um pouco como caçar patos para os gastrônomos. Alguns alcançaram proporções míticas, como o que o chef Stefano de Pieri, de Mildura, filmou para a televisão depois de dirigir centenas de quilômetros no noroeste de Victoria. Correspondentes expatriados escreveram do estrangeiro para me contar que anseiam por uma versão específica. Um sujeito que mora na Indonésia disse que costuma comprar um famoso MF, para criar um acrônimo, no lado ocidental da Lygon Street (algo me diz que sua observação equivale um pouco a dizer para apostar em qualquer competidor do Tour de France que ande de bicicleta). Um polonês me disse certa vez que seus compatriotas invadiam a padaria do Cracovia Hotel, na Cracóvia, Polônia, para devorar "napoleons", uma versão heróica do humilde MF com um denso recheio de *cream cheese* entre biscoitos duros finos. Era parecido com o famoso *cannoli* recheado na hora dos irmãos Madonia, no Bronx, acrescentou ele. "Tá, tá", foi tudo o que pude responder. Um outro sujeito informou que sua filha passara um ano investigando mil-folhas na França. Escrevi a ele de volta dizendo que esperava que ela houvesse preenchido seu tempo com outras coisas também (de vez em quando se topa com uma catedral gótica na França e há umas pinturas legais à mostra). Porém, levei um belo puxão de orelha de uma mulher de Ouyen, ao noroeste de Victoria (talvez não tenha nada para se fazer lá a não ser assar coisas), porque eu havia escrito sobre o doce e não mencionei o concurso Triunfo dos Mil-Folhas, realizado anualmente em sua cidade. Um dos juízes era até o ex-premier de Victoria Jeff Kennett, um eminente gastrônomo de Melbourne. Humm.

A meu ver, há uma vencedora óbvia para as apostas de MF. É Judy, da cidade litorânea de Sorrento, na Austrália, que, no verão, vende diariamente centenas de fatias em sua padaria gourmet localizada na rua principal da cidade. Seu mil-folhas é um bloco enorme – duas camadas de fina massa folhada (ver "Massa folhada do Peter"), a de baixo coberta de geléia de ameixa e a do topo polvilhada generosamente com açúcar. Entre elas, um encorpado creme cor de neve. Mas espere aí, pois o recheio é tanto um paradoxo quanto um lance de gênio. Em vez de creme de confeiteiro convencional, as entranhas do doce de Judy Howarth são uma espécie de musse leve, porém de encher a boca. É fria, macia e escassamente doce, o que suaviza o açúcar em pó e a geléia, e se adequa melhor ao clima australiano do que o creme tradicional. Sorrento fica no sul e sugeri a Judy que inscrevesse seu doce no concurso de Ouyen. Dá para imaginar a guerra civil que estouraria se ela ganhasse?

065 galetos pochés recheados

Galetos são frangos bebês e sei tão pouco sobre sexo que nunca fui capaz de dizer se são machos ou fêmeas. Os *spatchcocks* (que os metodistas pronunciavam "spatchco") eram imensamente populares nos restaurantes no final dos anos 1980 e começo dos 1990, e supostamente eram galos bebês. Mas, novamente, meus conhecimentos anatômicos me deixaram na mão. Eu suporia, na época, que muitos *spatchcocks* eram de sexo indeterminado. (Quer um emprego importante? Experimente ser identificador de sexo de galináceos.) Possivelmente havia algumas fêmeas ali no meio também, mas era razoável imaginar que a maioria deles deveria ser de fato masculina.

Apesar de seu grau considerável de permutabilidade, sempre considerei que os galetos e *spatchcocks* valiam o esforço. Os restaurantes costumavam prepará-los maravilhosamente, abrindo-os do tamanho de um prato e marinando-os geralmente em azeite de oliva, ervas e uma porção de algo doce. Eram então rapidamente grelhados para produzir o máximo de sabor e uma carne malpassada suculenta e maravilhosa, incrementada com o açúcar do caramelo queimado das partes chamuscadas. É impossível grelhar de maneira adequada dentro da minha casa; nem o fogão nem o exaustor têm a capacidade necessária. Assim, geralmente escaldo ou cozinho no vapor as aves de pequeno porte. Os galetos são ideais para a panela.

Para o aniversário de 50 anos de um amigo, escaldei um galeto por pessoa. Por serem de carne branca, senti que pediam algo além de molho madeira, que tem vinho tinto como base.

Assim, partindo dos costumeiros (ver "Um molho madeira excelente") banha de porco, bacon, cebola e um pouco de farinha para engrossar, acrescentei cerca de um terço de uma garrafa de chardonnay. E em vez de complementar essa mistura com caldo de vitela, adicionei em torno de duas xícaras de caldo de galinha. Outros ingredientes mais ou menos tradicionais incluem molho de tomate, cogumelos, cenoura, aipo, alho, salsinha, tomilho e folhas de louro.

Depois de engrossado por algumas horas e coado, o líquido cremoso e brilhante da cor de um favo de mel adquire um sabor bem balanceado, porém extremamente complexo.

Certifique-se de amarrar bem as avezinhas, pois isso conserva a suculência. Se cozinhá-las sem amarrar, elas se abrirão em posições esquisitas, parecendo algo próximo a um atleta saltando barreiras. Além disso, perderão caldo. Antes de amarrar os galetos, preenchi suas cavidades com uma mistura de pão, cebola, sálvia fresca, aipo picadinho, creme de leite, conhaque, condimentos e um ovo inteiro. Tudo isso foi feito no dia anterior, uma vez que um dos efeitos adversos de temperar o interior de um galeto é uma leve dessecação da carne e subseqüente intensificação de sabor. Não se preocupe com a secura, especialmente se for escaldar os galetos. Foi o que finalmente fiz, calmamente, por cerca de uma hora, numa panela grande com molho de legumes, manteiga e vinho da Madeira. O recheio ficou de extrema cremosidade e o resultado foi tão bom quanto eu esperava.

066 salada quente de bacon e rúcula "selvagem"

Os "escritores" de cardápios de hoje em dia parecem ter feito – todos eles – algum tipo de curso de literatura, provavelmente de ficção. A rúcula "selvagem" é um de seus personagens prediletos. Contudo, o que há de tão selvagem numa verdura que é cultivada há séculos? Assim como a caridade, a rúcula começa em casa, onde muitas pessoas plantam uma caixinha de mudas na primavera. A recompensa para o horticultor doméstico vem com tudo. Primeiro, é possível arrancar as folhas das plantas sem aparentemente afetar seu crescimento. Colha o quanto precisar para a salada do jantar e seus pés de rúcula farão um passe de mágica: folhas frescas prontas para serem colhidas aparecerão em 24 horas (isto é, até as plantas começarem a florescer).

Mas o poder da rúcula também tem seu lado adverso. Ela se alastra, semeando-se por todos os lados. Se você não gosta exatamente de mudas de rúcula brotando em seu gramado ou entre os tijolos da varanda ou o piso do jardim, então, em primeiro lugar, nem as plante. No meu caso, acredito que a recompensa gastronômica vale a pena. É ótima por seu forte sabor algo picante e pela levantada que dá nas saladas verdes, mesmo quando tem de dividir a tigela com outras folhas. Além disso, adoro como suas características de sabor mudam ao longo do período de crescimento. No começo da estação, as folhas verdes são suculentas e mais suaves. Ao final, quando os talos das flores estão apontando para cima, as folhas são mais escuras, mais duras e de sabor muito forte.

A rúcula não apetece a todos. De fato, muita gente não gosta de seu amargor, especialmente as do final da estação. Mesmo que John Gerard, em seu *Herbal* de 1636, tenha considerado a rúcula uma "boa verdura para saladas", muitos ingleses posteriores a acharam inferior – "fétida e ofensiva", disse um deles – e a deixaram para os italianos. Por ser francês, o *Larousse Gastronomique* a elogia timidamente como uma espécie de agrião a ser usada para incrementar saladas.

É da família das plantas *Cruciferae*, cujas folhas possuem folíolos em formato de cúmulo, alternados e que se fundem no topo. A rúcula ainda é versátil, sendo capaz de se firmar diante de outros sabores fortes, mas também de atenuar ingredientes mais sutis, como peixe. Jogo punhados dela no caldo de galinha para compor uma sopa superabastecida ou a acrescento a woks de frutos do mar e outras proteínas.

A rúcula de fim de estação é especialmente apropriada para a seguinte salada quente de bacon, que é uma espécie de receita mestra para todas as saladas quentes (apenas mude os ingredientes ao criar suas próprias versões). Um de meus muitos cunhados – este é de origem italiana – ensinou-me a fazer. Lave e seque as folhas de rúcula e coloque-as numa saladeira. Corte o tipo de carne de porco defumada que lhe aprouver – bacon, presunto, pernil, *kaiserfleisch*, qualquer um – em pequenos bastões de cerca de 1 centímetro de largura e 3 centímetros de comprimento. Frite-os em umas três gotas de óleo vegetal – use dois tipos, como, por exemplo, uma mistura de azeite de oliva e óleo de amendoim – até que a superfície voltada para cima comece a dourar e borbulhar. Tire a frigideira do fogo. Repito: LEVE A FRIGIDEIRA PARA LONGE DE QUALQUER CHAMA VIVA! Se não o fizer, minha próxima instrução é: CHAME OS BOMBEIROS! Imediatamente após remover a frigideira do fogo, acrescente algum tipo de elemento ácido – a salada é sua, então a escolha também (o vinagre de ameixa que preparo em casa costuma ir muito bem com saladas quentes, mas você pode preferir vinagre de cidra ou mesmo suco de limão ou de *grapefruit*). Mexa vigorosamente a mistura com uma colher de pau, dispersando todos os pedacinhos de carne caramelizada que se grudarem ao fundo. É preciso ainda dosar a quantidade exata (e só a experiência lhe dirá qual é) de ácido para quebrar a gordura dos óleos e do bacon: nem demais nem muito pouco. Na verdade, este é um resultado razoavelmente fácil de se alcançar, mas cuja margem de erro é larga. Enquanto ainda estiver quente, ponha o conteúdo da frigideira sobre as folhas de rúcula e misture sua salada.

067 terrina de coelho da avó de Jacques Maximin

Nada de furões. Quando eu era criança, na fazenda do meu tio, perto de Melbourne (hoje em dia o lugar é praticamente um subúrbio), soltávamos os cachorros atrás dos coelhos. Sempre tínhamos uma matilha de vira-latas à mão, a maioria deles pequena em tamanho, mas não é que eram bons no que faziam! Mandavam os coelhos embora. Para as coelheiras. Com uma pá, cobríamos todos os buracos, menos um, que escavávamos para retirar à força os Pernalongas acovardados. Era mais fácil até do que atirar neles, o que, admito, acontecia às vezes à noite, debaixo de faroletes.

Os saudosos dias das pragas de coelhos e proteína de graça foram sistematicamente desbaratados por governos pró-agricultura (ou devo dizer pró-agricultura preguiçosa?). Nunca ocorreu a eles que a Austrália teria vastos recursos de caça legítima que os europeus iriam devorar, por assim dizer. De fato, no começo dos anos 1990, gravei um trecho para o programa de televisão *Sunday* falando sobre coelhos, caçadores e um sujeito da península de Mornington, na Austrália, que exportava semanalmente para a Europa contêineres cheios de "lagomorfos entocados" (tirei isso do *Macquaire Dictionary*).

Na Alemanha e na França, bem como em outros países membros da estimada União Européia, a demanda ainda existe. Mas o fornecimento, uma vez que os coelhos selvagens são escassos, é extremamente limitado. E os coelhos criados em cativeiro, alimentados à força em gaiolas, são insossos; seu tecido muscular não é tão firme ou saboroso quanto o de seus primos de vida livre.

Os coelhos selvagens na Austrália, quando se pode consegui-los, tornaram-se bastante caros hoje – mas valem cada centavo, se forem preparados corretamente. Nos idos tempos devem ter sido baratos e abundantes, mas ninguém que eu conhecia sabia prepará-los direito. Ficavam inacreditavelmente secos e duros, como se não estivessem assados. E as versões guisadas australianas não conseguem acentuar seu sabor, pois lhes falta uma abordagem culinária rigorosa. Lembro-me de que, na matéria para o *Sunday*, ajudei a esposa de um caçador a preparar sua receita favorita de coelho. Tratava-se de um coelho destripado envolto em papel-alumínio com um quarto de vinho tinto barato e algumas pitadas de ervas secas. Certa vez, um amigo meu de pretensões gastronômicas assou para nós um casal de coelhos. Sua técnica culinária repousava na crença duvidosa de que, quanto mais tempo ficassem no forno, mais tenros sairiam. Negativo! Saíram mais bronzeados que um surfista e mais duros que uma tábua.

Há alguns anos, consegui, por acaso, com o respeitado chef francês Jacques Maximin, uma receita infalível para nossos maravilhosos coelhos selvagens. Pelo que sei, ela era o carro-chefe do restaurante que leva o nome dele, próximo a Vence, no sul da França (Jacques visitou a Austrália como chef convidado). Era uma receita de sua avó, jurava ele pela cabeça de seu filho, como fazem os franceses. Asse os coelhos em pedaços grandes com folhas de louro, grãos de pimenta-preta inteiros e sal, numa terrina fechada cheia de água, em banho-maria. Foi tudo o que ele disse – como parte de um diálogo enquanto nos despedíamos.

Refinei a receita aqui e ali, dourando os pedaços na manteiga primeiro, o que ajuda a manter a carne inteira durante duas ou três horas de cozimento. Encha uma terrina de barro com eles, além de cebolas descascadas, fatias de cenoura, pedaços de aipo, ramos de tomilho e até mesmo um toque de vinho branco, além dos ingredientes da avó de Jacques. Asse em banho-maria no fogo baixo, certificando-se de que os pedaços de coelho fiquem submersos ao longo do cozimento, o qual é completado quando a carne puder ser separada facilmente do osso. Em seguida, refrigere.

Ao devorar esta iguaria, você notará que o tutano e as juntas contribuíram com uma espécie de viscosidade natural, o que faz com que boa parte do caldo cozido se torne uma geléia clara.

068 pudim de sebo com carne e rim

Esperemos que você viva ainda um ou dois invernos antes de bater as botas, porque a torta – ou pudim, no caso – de filé e rim é o mais substancioso dos pratos. Mas deve-se prepará-lo com massa de sebo. "Sebo? Sebo? O que é exatamente esse tal de sebo?", você me pergunta.

E muito bem perguntado, pois é extremamente difícil encontrar, hoje em dia, um açougueiro que o forneça. Sebo é a gordura pura, branca e cerácea que envolve os rins dos animais e, numa era de carnes preparadas e embaladas em depósitos de distribuição para supostos açougueiros locais, poucos fornecedores se preocupam com essa maravilhosa substância (e, é claro, menos pessoas ainda cozinham com ela, o que é uma pena imensa).

De qualquer maneira, vá em busca do sebo – para fazer massa suficiente para um pudim, é necessário um bom punhado, o que será mais barato do que um pirulito (um açougueiro generoso poderá até dar-lhe de graça). Um naco de sebo é composto por muitos lóbulos pequenos de gordura e é melhor remover o máximo possível da fina camada (semelhante a um embrulho plástico) que os envolve. Em seguida, pique bem o sebo, enfarinhando a faca para não grudar. Misture-o a duas xícaras de farinha de trigo, sal e cerca de meia xícara de água fria e terá uma pasta verdadeiramente milagrosa. Amasse-a bem, deixe descansar na geladeira por um tempo (uma hora, digamos) e abra a massa. Ela estará incrivelmente elástica, inquebrável e belamente salpicada de pontos brancos e rosa-claro, relembrando que um animal verdadeiro e autêntico contribuiu para ela.

O recheio de carne e rim pode ser qualquer coisa que você deseje fazer, desde que baseado, é claro, em cortes de carne razoavelmente baratos e em miúdos frescos maravilhosos. Já o preparei com um rim de boi inteiro picado, carne para ensopado, sobras de cordeiro assado (e os feijões que o acompanhavam), alho, cebola, cenoura, bastante salsinha fresca, folhas de rúcula, alecrim, meia garrafa de pinot noir que havia sido muito bem servido com o cordeiro, molho de tomate caseiro, condimentos e um pouco de farinha para engrossar (se isso não curar uma angústia de inverno, vou cozinhar para o Bocuse). Refoguei todas essas coisas com mais sebo, acrescentando cada ingrediente na ordem mais adequada para maximizar o sabor. E há um bônus quando se cozinha rim: o magnífico perfume de cueca de vovô secando que invade a casa.

Untei uma fôrma de alumínio para pudim e forrei-a com a massa. A fôrma pertencera a minha mãe. Coloquei o recheio e fechei com mais uma camada fina de massa por cima. Fixei a tampa e deixei a fôrma em banho-maria por cerca de duas horas.

No meio de um prato grande você vai virar o pudim, que será então um domo perfeito, uma cúpula capaz de competir com as mais famosas do mundo, como a da Basílica de São Pedro, no Vaticano (ou a da sala de leitura da biblioteca de Melbourne). Levemente curtida, a massa estará folhada, macia e crocante ao mesmo tempo, assombrosamente digerível e algo viscosa onde encontra o recheio – e este estará simplesmente maravilhoso.

069 fígado de cordeiro com molho reduzido de vinagre balsâmico e manjericão

Quase por acaso, encontrei um uso para aquele desagradável valentão culinário, o vinagre balsâmico: combina absurdamente bem com outro ingrediente ótimo, porém malcompreendido, o fígado de cordeiro. Ou *lamb's fry*, como era chamado quando eu era criança. Na época, tratava-se de um corte barato – uma sobra, diga-se, numa nação que se alimentava de lombo assado da melhor das levas de carneiro pelo menos uma vez na semana. Por uma razão desconhecida, minha mãe considerava que o fígado de cordeiro estimulava as forças e freqüentemente o fritava em banha para o almoço de sábado, antes de eu ir jogar futebol. Seu interior, da cor de um navio de guerra abandonado, possuía uma textura mágica, porém insossa e quebradiça. Todos pareciam suspeitar de tudo naquelas décadas imediatamente pós-guerra e, no caso do fígado de cordeiro, as mães provavelmente temiam os parasitas de fígado ou qualquer coisa igualmente exótica da qual tinham ouvido falar – e então matavam todos os possíveis patógenos com o excesso de cozimento.

Entretanto, quando passei a comer fígado de novilho malpassado muitos anos depois, imaginei se o fígado de cordeiro poderia ser preparado do mesmo modo e adquirir uma qualidade gastronômica à qual nunca tivera direito quando era um prato popular.

Mesmo hoje ele é marginalizado – e por chefs. Não sei por quê. Suponho que ele tenha um potencial enorme para ser um ingrediente icônico australiano. Com um molho consistente para atenuar seu sabor robusto, acredito que deveria ter uma vida gastronômica para além dos itens da grelha mista de um café interiorano que são deixados para o santo, perto do fogo.

Assim, no intuito de experimentação, tentei comprar o fígado de cordeiro. Doce ilusão! Tive de consultar três açougueiros antes de encontrar um naco hepático adorável. Ao cozinhá-lo, meu golpe, postulei, seria uma espécie de movimento de pinça de dois lados culinários: tentaria copiar a receita-padrão de fígado de novilho com cebola; depois apelaria para o *foie gras* e combinaria o fígado de cordeiro com um molho à base de vinagre.

Para a primeira tentativa, tomei emprestados elementos de uma receita do norte da Itália. Prepare cebolas fatiadas sauté primeiro em óleo (utilizei manteiga também, para atingir uma temperatura mais alta) por cerca de 20 minutos. Remova-as da panela, reaqueça o óleo que restar e besunte o fígado. Recoloque as cebolas na fritura e acrescente raspas de limão. Abaixe o fogo, tempere e deixe em fervura baixa por três ou quatro minutos. É melhor verificar o cozimento do fígado conforme o tempo passa. O que preparei estava só um pouco além do cor-de-rosa, com exceção do miolo, e o resultado foi mediano, com a doçura das cebolas superando estranhamente a mineralidade da fritada.

Agora, passemos para uma descoberta gastronômica de proporções einsteinianas. Besuntei minha segunda leva de fígados com manteiga, removi as fatias da frigideira e deglacei com vinagre balsâmico encorpado, frutado e bastante velho, que deixei ferver até se tornar um xarope razoavelmente grosso. Reaqueci os pedaços de fígado, acrescentei o sumo de cerca de um quarto de limão (para lapidar os sabores fortes) e pimenta-do-reino preta moída na hora. Para finalizar, acrescentei um punhado de manjericão fresco picado, no último minuto. Eureca! Eu, que sempre fiquei entre os reservas no futebol, calculei que poderia ter sido titular se tivesse comido esse negócio. Finalmente, um fígado de cordeiro como se deve!

Você repudia a idéia de comer fígado? Minhas fontes sobre canibalismo sugerem que é uma iguaria fina entre os antropófagos.

070 couve-de-bruxelas com noz-moscada e creme de leite

Nos países anglófonos do mundo todo, o número de pessoas que gostam de couve-de-bruxelas pode ser contado em uma mão; e eu estou entre elas. São a um só tempo deliciosas, singulares em sabor e textura, amargas, porém frutadas, e suculentas. Na verdade, acredito que a intensidade de seu sabor é o que desencoraja a maioria das pessoas.

Em si, elas são, sim, de sabor forte. Sou o primeiro a admitir. Mas me convenci de que os australianos tradicionalmente desgostam das couves-de-bruxelas em grande parte devido à maneira como elas eram servidas em casa. Costumávamos fervê-las e o cheiro invadia tudo, como um presságio do momento desagradável em que realmente teríamos de nos sentar diante de um mingau revoltante, colocá-lo na boca, mastigá-lo e engoli-lo, como meu pai exortava. No prato, elas pareciam nojentas também – um miasma verde-grama empapado. Já se sabia de cara que seriam um osso duro de roer.

Então, muitos anos depois, na França, descobri que as couves-de-bruxelas podiam ser não apenas comestíveis como também gostosas, realmente um dos maiores prazeres gastronômicos do mundo. As couves-de-bruxelas francesas eram iguais a quaisquer outras – só que os bons e velhos gauleses nunca servem os legumes apenas fervidos. Com exceção de alguns casos especiais de acompanhamentos para *pot-au-feu* e outros pratos "úmidos", os legumes são sempre cozidos duas vezes – e geralmente fritos após a fervura. As couves-de-bruxelas à moda francesa são uma iguaria.

Descascam-se as folhas exteriores manchadas, faz-se uma cruz no talo com uma faca afiada e ferve-se até quase o ponto costumeiro da gororoba feita pelos australianos (mais ou menos nessa altura do processo tornei-me mais crítico, mesmo que na França as couves-de-bruxelas tenham de ficar *al dente*). Depois, deve-se secá-las bem, espremendo toda a água indesejada, um passo que julguei inovador. Em seguida vem algo ainda mais estrangeiro para um garoto australiano. Põe-se manteiga para borbulhar numa frigideira, acrescentando-se pequenos bastões de bacon para serem fritos até ficarem crocantes e então acrescenta-se o miasma verde leguminoso. O resultado combina com as carnes mais fortes, e chefs engenhosos com inspirações francesas freqüentemente a preparam para guarnecer carnes de caça (mesmo que tenham apenas branqueado as couves-de-bruxelas, para começar).

Este é um legume muito antigo; algumas fontes datam seu cultivo do final da Idade Média, no território que é hoje a

Bélgica. Conquistaram o resto da Europa muito tempo depois e, como de costume, a Grã-Bretanha – que prefere a comida sem graça – não lhe deu muita bola até o século XIX. (Não obstante, dizem que hoje em dia elas são extraordinariamente populares na Inglaterra.) Crescem bem e são fantasticamente fecundas. Colhem-se as couves-de-bruxelas maduras e logo são substituídas por novas, que brotam no talo espesso.

Tudo isso vai muito bem e é muito bom, mas deveria haver, na minha opinião, uma nova maneira de lidar com essas pequeninas. Margaret Fulton ofereceu algumas soluções: fritá-las (depois de fervê-las por cerca de sete minutos) com manteiga, condimentos, suco de limão e salsinha, ou cozinhá-las no creme de leite com pimenta-do-reino branca. Gosto da idéia de acrescentar laticínios encorpados. É um princípio culinário: ou se atenua um sabor forte com algo mais leve e incisivo, ou segue-se a corrente, incrementando-o com ingredientes complementares ainda mais fortes. A experiência lhe mostrará como, quando e com o que proceder. Experimentei a receita com creme de leite e acrescentei noz-moscada, outro grande sabor, gratinando a mistura no forno com queijo ralado. Deu brilhantemente certo e, por si só, era uma refeição completa. Pode ser ainda um acompanhamento para galinha-d'angola, quem sabe?

071 pernil de cordeiro assado com feijão cozido

"O quê?", você engasga. "Pernil de cordeiro com feijão? Como você pode fazer isso? Como ousa? Onde estão as batatas assadas, a abóbora e as ervilhas?". Hã... bem, elas estão ausentes, Vossa Excelência Gastronômica, pois aprendi na França que só feijão-branco (*haricot*) combina com pernil de cordeiro assado. Só. Nada mais!

É claro, não faz sentido, mas é o nonsense francês e, no que diz respeito à comida, mesmo o mais ultrajante nonsense proposto dentro do hexágono francês geralmente tem algum mérito. A maioria dos australianos pensa que "feijão" significa um enorme enlatado americano transnacional. Porém, quanto mais cozinhamos feijão por conta própria, mais descobrimos que as versões enlatadas são imensamente inferiores. O feijão caseiro constitui um deleite absoluto por um motivo bem simples. As leguminosas – sementes – são essencialmente insípidas. Correspondem a uma tela em branco, sobre a qual uma paleta significativa de sabores-cores e complexidades pode ser composta. E, na culinária caseira, nunca é preciso repetir um prato exatamente do mesmo modo: de fato, metade da diversão vem da experimentação.

Não importa muito qual tipo de feijão você utiliza ou, o que é bem estranho, se você retira os grãos direto da vagem ou reidrata um pacote de grãos secos. Há os *haricots*, *borlottis*, de lima e *cannelloni*, e quanto mais brancos e insossos forem, mais chances você terá de exibir seus dotes culinários. Se forem secos, deixe-os de molho por uma noite em bastante água fria. Enxágüe-os rapidamente depois disso, mas algumas receitas insistem para que você os cozinhe na água do molho.

Numa panela grande ponha qualquer combinação de gorduras que desejar – azeite de oliva e outros óleos vegetais, manteiga, gordura de porco, de boi ou de carneiro proveniente de assados (método que uso sempre). O objetivo é a complexidade e quanto mais ingredientes forem utilizados, mais aguçado ficará o sabor final. (Como saber se tudo estará balanceado ao paladar? Vá provando.) Quando a gordura estiver bem quente, adicione os feijões e alho picado e amassado, cebola picada, fatias de cenoura e aipo. Frite a mistura por alguns minutos. Não é necessário dourar nada; a idéia é simplesmente fazer com que os ingredientes eliminem um pouco de sua água, que não tem sabor.

Agora, acrescente o caldo (procure sempre ter algum à mão no freezer). Já usei de maneira bem-sucedida, por exemplo, caldos provenientes de um guisado de carne em conserva ou de galetos assados na panela. Usa-se caldo em vez de água devido ao seu sabor intrínseco, e sabor é o que queremos. Procure cobrir os feijões e os legumes com o caldo e – apenas se for necessário – ponha água por cima. Acrescente um pouco de molho de tomate ou tomates frescos, se quiser, folhas de louro, talos de salsa e ramos de alguma erva, como tomilho ou alecrim, e deixe tudo borbulhar até que os feijões estejam macios. Não deixe que fiquem malcozidos, uma prática descerebrada que muitos grandes restaurantes fazem hoje em dia. O bom de feijões como estes é que é possível reaquecê-los até que virem um creme.

E eles complementam mesmo o cordeiro assado, o qual presumo que ninguém necessite de instruções a respeito. Ou talvez alguém necessite! Um ou dois lembretes sobre os princípios básicos, de qualquer modo, não cairão mal.

Fiquei bastante horrorizado na primeira vez em que vi mulheres francesas esfaquearem seus *gigots* (pernis de cordeiro) e inserir lascas de alho nos cortes. Por quê? Porque quando assamos um animal, um saboroso sumo é extraído do seu centro. Se estamos interessados no sabor, devemos estar também em conservá-lo, retê-lo; então, ao se assar qualquer coisa com mais de uma dúzia de cortes, muito sumo se perderá através deles. Assim, nesse caso, não siga o exemplo dos franceses. Se quiser alho ou cebola para acrescentar sabor, coloque-os na panela de assadura. Não é preciso nem descascá-los.

Besunte o pernil com sal e manteiga (você pode desejar aproveitar a própria gordura do cordeiro, ou banha) e preaqueça o fogo a uma temperatura próxima à do núcleo solar. Depois de no máximo 20 minutos sob essa rajada de calor inicial, o assado deverá estar dourando, a pele borbulhando, e estará selado, com os sumos e os sabores aprisionados, para o seu deleite. Abaixe o termostato à temperatura média, não se esquecendo de recolher a gordura derretida sobre o assado a cada oito minutos. E gire-o sem perfurar a carne (use duas colheres grandes) – isto é importante! Um pernil grande de cordeiro deve demorar um pouco mais de uma hora para assar, conservando seu centro morno e malpassado. Cozinhe um pouco mais, caso o prefira ao ponto ou bem passado. Os franceses, por sinal, assam o cordeiro por pouquíssimo tempo, deixando-o morno e malpassado quase que por inteiro. Acho que adquire muito menos sabor dessa maneira – e sabor é o que nos interessa.

072 *vichyssoise* com frutos do mar

Até pouco tempo, eu nunca havia preparado uma sopa *vichyssoise*. Sempre tive pensamentos conflitantes em relação a esse prato clássico francês preparado com batatas e alho-poró. (Mas sempre o adorei.) De que forma uma mistura de batatas e alho-poró era capaz de produzir tal suavidade cremosa e sutil? Eu não sabia, mas suspeitava que acrescentar outro ingrediente à mistura deveria beneficiar tanto o resultado final quanto as pessoas que o saboreassem.

Há algum tempo, achei um caldo de mexilhões no freezer. (Nunca jogue fora os caldos dos pratos que prepara.) Eu queria preparar uma *vichyssoise* clássica, mas não tinha caldo de galinha. O caldo de marisco me pareceu uma alternativa interessante e adequada, dado seu sabor suave. De acordo com Margaret Fulton, Louis Diat, chef do tradicional New York Ritz-Carlton, é o criador da *vichyssoise* clássica, mas suas origens vêm da sopa tradicional francesa de batatas e alho-poró chamada "potage bonne femme" (sopa da boa esposa). E de fato, sempre achei no mínimo estranho que um prato com nome francês levasse o nome de Vichy, a capital fantoche dos nazistas: você não encontrará essa sopa nos livros de culinária francesa. Diat inocentemente batizou seu prato em homenagem a Vichy por ter nascido nas proximidades desse balneário. Algumas receitas de sopa de batata e alho-poró, cenoura ou outras acrescentam croûtons. A decisão é sua, mesmo que você decida acrescentar leite ou creme de leite à sopa, ou então transformá-la em *consommé*.

Para resumir, a minha *vichyssoise* se deu da seguinte maneira. Refoguei em manteiga quente, sem dourar, dois alhos-porós grandes picados. Não esqueça de lavá-los bem e use, a depender da cor e do sabor que desejar, também as folhas verdes. Quanto mais folhas usar (usei dois terços das folhas depois de picadas), mais verde a sopa ficará e mais forte o sabor de alho-poró. Em seguida, acrescentei três batatas médias descascadas e cortadas em cubos grandes. O próximo passo inclui cerca de duas xícaras de caldo de mexilhões. Um tanto salgado, esse caldo maravilhoso contribuiu com o tempero de que a sopa precisava. Isso também acrescentou uma paleta de sabores dos ingredientes com que eu havia cozinhado os mexilhões – capim-limão, alecrim, salsinha, alho, cebola e vinho branco (ver "Mexilhões ao vapor"). Fervi a mistura até as batatas começarem a desmanchar. Então a receita diz para acrescentarmos leite, água ou mais caldo. A minha escolha foram duas xícaras de leite integral e mexi a mistura até obter um belo creme branco opaco. Servi a sopa naquela noite, quente, com um pouco de creme de leite fresco no centro e um pouco de salsinha picada.

Mas o segredo da sopa de Diat é que ela era servida fria. A idéia lhe ocorreu – outra referência da *Encyclopedia* de Margaret Fulton – por lembrar que sua mãe esfriava as sopas com leite quando as servia. No dia seguinte, tirei a minha da geladeira e a experimentei imediatamente. Por incrível que possa parecer, o sabor era maravilhoso para algo tão frio.

073 codornas cozidas com gim

Nos tempos da caça e da pesca, as codornas deviam ciscar em arbustos de frutas silvestres. E deviam ser um ingrediente incrível, dado seu sabor. Mas é possível que nenhuma ave criada comercialmente esteja mais distante de suas origens selvagens do que as codornas de hoje. Com isso não quero dizer que sua carne seja ruim – elas obviamente não apareceriam neste livro fosse esse o caso. As codornas são consumidas fundamentalmente pela consistência macia e pela suculência de sua carne e não pelo sabor de caça; o sabor é atraente, apesar de bastante suave.

Fiquei surpreso ao descobrir em *The Birds of Australia*, de Ken Simpson e Nicolas Day, que pelo menos três espécies dessas aves, inclusive a nativa *Coturnix australis*, podem ser encontradas nos prados desse país continental. Em razão de seu vôo rasteiro, elas não possuem os sistemas mais intensivos de irrigação sangüínea de outras aves, daí sua pele clara.

No passado, as codornas eram aves migratórias. No seu livro *Le Gibier*, de 1973, Paul Bocuse destacou que essas aves deixaram a África na primavera e atravessaram o Mediterrâneo em direção à Europa fazendo diversas escalas em ilhas. Elas ficavam tão cansadas que muitas vezes faziam escalas em navios e até mesmo em penas de aves migratórias maiores. (Vamos fazer um esforço para acreditar nisso, já que, afinal, quem disse foi Paul Bocuse.) De acordo com *le grand* Paul, os ventos que sopravam em Bordeaux estavam tão fortes em 21 de setembro de 1888 que houve uma invasão de codornas, literalmente uma chuva dessas pequenas aves. De fato, Waveley Root cita em *Food* o grande gourmand francês Brillat-Savarin, que afirmava haver influência dos ventos no aparecimento de codornas. Analisando as aves e levando em conta a época do abate, os gourmets mais experientes eram capazes de afirmar se viajavam em sentido norte ou sul. Se voassem contra o vento, as aves tendiam a descansar mais e ganhavam peso à base de uvas e frutas silvestres. Se voassem a favor do vento, tendiam a seguir em frente, ficando mais esguias. Pelo menos é o que dizem.

As uvas são o acompanhamento tradicional para a carne de codorna, mas isso se transformou de tal forma em um clichê culinário que me nego a prepará-lo. O grande diretor Alfred Hitchcock pode ser apontado como um dos culpados disso. Em *Frenesi*, a esposa de um detetive londrino durão quase o leva à loucura. Ela fazia um curso de culinária refinada e o pobre detetive se sentava à mesa todas as noites para encarar porções mirradas de clássicos mal preparados. Depois de um dia duro de perseguição a um estrangulador, ele volta para casa e se depara com duas codornas anãs e algumas uvas grandes no seu prato. No dia seguinte, o detetive confidencia a um subordinado que tudo o que um policial britânico precisa é de um café-da-manhã inglês três vezes ao dia.

Escoffier lista 17 receitas de codorna e mesmo assim apenas a codorna com uvas aparece em todos os livros de receita que existem. (A propósito, Escoffier recomenda que as codornas assadas sejam antes envoltas em uma folha de parreira com manteiga, coberta com uma fatia de bacon.) A delicadeza dessa carne não justifica molhos encorpados – nem uvas, que são muito doces. Eu as cozinho na panela. (Sim, na maioria das brasseries as codornas são marinadas, cortadas e grelhadas. Os restaurantes com tendências orientais geralmente as servem com sal temperado.)

Amarre as aves para que fiquem mais compactas – amarre pelo menos as patas. Doure as codornas em manteiga numa panela funda que tenha tampa. Acrescente uma boa dose de gim – que faria um apreciador de martínis sorrir – e deixe levantar fervura. Retire as codornas; acrescente óleo à mistura de manteiga e gim e frite pequenos cubos de cenoura, aipo e cebola. Isso proporciona uma "cama" vegetal consistente. Acrescente um pouco de caldo de galinha até cobrir as verduras e então devolva as aves à panela para apurarem na mistura aromática com um buquê de ervas e tempero suave. Abaixe o fogo, tampe e cozinhe em fogo baixo. Confira a consistência da carne após 25 minutos no fogo e vire as codornas algumas vezes para um cozimento homogêneo.

074 *brochettes* de melro e tordo à Pierre-Yves

Pierre-Yves iria se atrasar, disse Colette pouco depois que chegamos. Ele havia seguido para a Costa Atlântica pela manhã para caçar em nossa homenagem. Ah, dissemos, um tanto impressionados e acanhados, na condição de convidados recém-chegados. Ele não deveria ter se incomodado, acrescentamos. Colette riu e disse que o marido esperava trazer alguns pombos selvagens para o jantar.

Pierre-Yves estava mesmo atrasado e chegou tarde da noite, depois de dirigir por duas horas da costa até o coração de Bordeaux. Disse que trouxera uma surpresa. Melros e tordos! Nas três horas que passara embrenhado nos prados não vira um único pombo selvagem. Mas havia muitos melros e tordos, ele acrescentou, e conseguiu abater o suficiente para nós quatro – exatos quatro pássaros para cada, dois melros e dois tordos. Os australianos, apesar de um de nós ter nascido na França, esboçaram um sorriso torto. Sentindo apreensão no ar, Pierre-Yves, que crescera na região, nos garantiu que iríamos nos regalar. Mas primeiro os passarinhos precisariam passar 24 horas intocados na geladeira – sem nem ao menos serem depenados.

Pierre-Yves abandonara a carreira na área de emergência médica em Paris mais de uma década antes e partira para Entre-Deux-Mers, onde tinha uma casa de pedra de 300 anos e um pequeno vinhedo. Durante algum tempo ele foi sócio de uma vinícola modesta, mas recentemente se lançou em um negócio próprio. Pierre produz 1,6 mil garrafas por ano, mas é, acima de tudo, um caçador dedicado.

De uma torre no jardim de um chalé próximo à costa, ele caça pequenos pássaros com sua pontaria certeira. O chumbo os atravessa, diz Pierre. Pode-se dizer que isso é ilegal, mesmo na politicamente incorreta França, e essas torres estão desaparecendo rapidamente. Mas, convenientemente, a polícia local só faz rondas na região à tarde, quando os caçadores já se retiraram. (Por sinal, as manhãs de outubro em Bordeaux mais parecem uma guerra. Já estive em ambas, então posso afirmar isso com segurança.)

Algumas horas antes de cozinhá-los, Pierre-Yves eviscera os *merles* e *grives* (melros e tordos, desventurados pássaros do gênero *Turdus*), conservando o fígado. Ele aprendeu a técnica com os pais e os avós, que eram do campo. Os pequenos corpos são então enfiados transversalmente em um espeto com nacos de bacon gorduroso entre eles. Então são assados na lareira com carvão produzido com as podas do vinhedo. Aí Pierre prepara o acompanhamento: grandes uvas italianas despeladas e sem caroços refogadas na manteiga até formar um molho inebriante.

Assada ao ponto, a carne dos pássaros é úmida e cor de malva, mais macia do que a carne de codorna, que tem tamanho parecido. Mas, ah, a diferença no sabor! Aqueles bichinhos tinham cor de fígado. (Os fígados propriamente ditos têm gosto forte demais para mim.) Dava para sentir o gosto do ferro, o que atesta seu metabolismo rápido e o comportamento ativo. A carne mais macia é a das coxas e, depois de assados, os ossos passam a ser comestíveis. Nós os comemos com as mãos, claro.

Minha referência maior para a cozinha de caça, *Le Gibier*, de Paul Bocuse, tem 15 receitas de tordo e duas de melro. Ele incluiu um gratinado de tordo, tordo com *foie gras* e tordos cozidos com juníperos. Já os melros são recheados com juníperos ou uvas. Nenhuma das receitas é tão simples quanto a do meu amigo, que, para mim, representa uma forma muito incomum e pouco francesa de fazer as coisas.

075 ervilhas verdes frescas

Quem pegou as ervilhas que rolaram pelo chão da casa? O cachorro? Ou foram pisadas e esmagadas? Hoje em dia é muito raro que alguém descasque ervilhas em casa e você certamente deve fazer a experiência. Isso pode até mesmo se transformar em um hábito.

Não há nada como ervilhas frescas. Elas são surpreendentemente doces – parecem ainda mais doces do que a variedade enlatada – e têm um gosto sensacional de clorofila. Na verdade, nenhum alimento que eu conheça, e certamente nenhum grão seco, transmite tanto potencial de vida concentrada como as ervilhas frescas.

Dizem que todo mundo odeia o trabalho de descascar as ervilhas. Mas, décadas atrás, quando eu era criança e isso era uma obrigação, descascar ervilhas era divertido. Por motivos óbvios, o povo diz que algo é tão fácil quanto descascar ervilhas. Elas literalmente pulam das vagens e acredito que não era o único a me divertir com isso. E como elas pulavam! Tínhamos de vasculhar a cozinha em busca de todas que iam para o chão, até mesmo as que o cachorro havia experimentado e cuspido fora. Também encontrávamos lagartas incríveis em algumas vagens... e as esmagávamos.

Hoje em dia, as ervilhas frescas me parecem menores e menos uniformes em matéria de formato e tamanho. Numa compra recente, apenas dois terços do peso que comprei eram de ervilhas propriamente ditas. As maiores eram do tamanho do que chamávamos de "gudinhas". Se você não escolher vagens grandes com casca fina, é exatamente isso o que vai acontecer. Eu também não concordo com os franceses quando dizem que as ervilhas menores são mais doces; refreie a obsessão francesa por *petit-pois*. Deus é testemunha de que as ervilhas são pequenas o bastante mesmo quando grandes. E a teoria de que quanto mais suave a ervilha, mais gostosa ela será me parece tirada de um livro de mitos e lendas culinárias do Leste Europeu.

Acabei enchendo metade de um escorredor de macarrão com ervilhas e segui o conselho de Escoffier, o homem que criou a moderna tradição culinária francesa. Ele enumera cinco formas de prepará-las e a alface é incluída em uma delas; apenas as ervilhas "inglesas" (com hortelã) e "flamengas" (com cenouras) são omitidas. Por que decidiram que alface combina com ervilhas é algo que foge à minha compreensão.

Mas fui pródigo e acrescentei à receita não apenas uma cabeça de alface-manteiga como duas cenouras pequenas (cortadas em palitos), uma cebola grande (fatiada em arcos), um dente de alho amassado, duas colheres de sopa de açúcar e um ramo de salsinha. Cozinhei em fogo baixo por cerca de 20 minutos e o resultado foi sensacional. Nos minutos finais do cozimento, escorri a maior parte do caldo, que depois usei para cozinhar o macarrão. Acrescentei nacos generosos de manteiga e moí pimenta-do-reino preta sobre a receita antes de servir.

Um dos vegetais mais antigos de que se tem notícia, as ervilhas supostamente pertencem a uma única espécie, *Pisum sativum*, que tem diversas variedades e acredita-se que sejam originárias de algum lugar entre o Oriente Médio e a Ásia. Os gregos e os romanos só as usavam secas, nunca frescas. Que bom que somos, de alguma forma, mais iluminados.

076 *blanquette* de vitela

Há muitos anos, tive o imenso prazer de almoçar com o formidável pianista francês Vlado Perlemuter, que conhecera Ravel pessoalmente e era considerado um dos maiores expoentes de sua música para piano. Perlemuter estava em Melbourne, na Austrália, para se apresentar num festival de cultura francesa cujo nome e os detalhes me fogem completamente da memória. Fui informado de que era um homem conservador, tão aferrado aos seus costumes que provavelmente só apreciaria a culinária francesa, então reservei uma mesa num bistrô francês com reputação de fazer um trabalho acima da média em todos os quesitos.

Septuagenário charmoso e magérrimo, com um leve sorriso irônico permanente nos lábios, ele insistiu que começássemos pelas ostras frescas. Eu disse a ele que isso era um erro, que não tratamos as ostras como deveríamos na Austrália (ver "Ostras do Pacífico recém-abertas") – e informei em detalhes o que provavelmente seria servido. Com um sorriso, ele disse que daria uma oportunidade àquelas ostras. Perlemuter levou a primeira concha rochosa de Nova Gales do Sul aos lábios e chupou, esperando sentir o gosto maravilhoso do licor no qual o bivalve vive imerso. Para sua absoluta surpresa, a única coisa que chupou foi ar e o molusco estava morto dentro da concha. Elegante, apesar da decepção, ele esperou que a *blanquette* de vitela estivesse melhor.

A *blanquette* de vitela é um clássico gaulês, preparada por qualquer dona de casa francesa. Se consultarmos os livros de receitas tradicionais, veremos que a verdadeira carne de vitela vem de animais abatidos entre dois e três meses de vida. A carne deve ser rosada, ter pouco cheiro e textura suave. E, claro, a carne de vitela tem sabor suave e consistente, bem diferente do sabor da carne de bovinos adultos.

A *blanquette* chegou e parecia muito com o prato tradicional, a não ser pela falta de um ingrediente essencial, que eu esperava passasse despercebido pelo maestro. Perlemuter deu uma garfada, mastigou e engoliu. Nada mal, ele disse com um sorriso. Nada mal. Havia apenas um pequeno detalhe, ele acrescentou, inclinando-se sobre a mesa para sussurrar. Eles não quebraram um ovo na *blanquette* no último minuto – como fazia sua mãe.

Como acontece com muitas combinações, a *blanquette* de vitela une o erótico e o gastronômico. Em termos de sabor – e mesmo de textura –, o ovo quebrado sobre o ensopado pouco antes de servido acrescenta muito pouco. Mas com o calor do ensopado a proteína do ovo coagula em filetes finos que aludem a sêmen e se misturam à carne, às cenouras e à cebola. Eu nunca disse isso a ninguém – você será o primeiro –, mas uma boa parcela da libertinagem francesa talvez possa ser associada à ocasional *blanquette* de vitela comida na privacidade do lar.

Este é um prato fácil de preparar e você realmente vai se surpreender com ele. Comece por uma vitela de boa qualidade – não importam os cortes –, que deve ser cortada em pedaços grandes, sem osso. Mergulhe a carne em água fria por no mínimo 30 minutos. Isso amacia, branqueia e hidrata a carne (o que pode soar um tanto antigastronômico, mas aguarde o resultado), além de lavar o sangue exterior.

Escorra a carne, cubra-a com água fresca em uma panela pesada e acrescente um pouco de vinho branco, cenouras cortadas em rodelas, cebola fatiada em arcos, sal e pimenta a gosto, tomilho fresco, salsinha e folhas de louro. Deixe levantar fervura, retire a espuma da superfície com cuidado e cozinhe em fogo brando por cerca de uma hora e meia a duas horas. Quando a carne estiver macia – o molho inicial talvez abrevie esse processo –, escorra o caldo.

Coloque quantidades (pequenas) iguais de manteiga e farinha de trigo em uma caçarola pesada aquecida e acrescente o caldo, um pouco de cada vez. Cozinhe o caldo encorpado translúcido por cerca de dez minutos. O objetivo aqui é encorpar o caldo e cozinhar a farinha.

Devolva o caldo à mistura de carne, cenouras e cebola cozidas e terá um ensopado de sabor sensacional. Mas não esqueça que, antes de servir, você tem um dever para com *la France sensuelle*: espalhar um ovo cru sobre o ensopado e mexer. Esconda os filetes esbranquiçados com salsinha, se for pudico e recatado.

077 *coq au vin*

Ah, senhora Beeton, senhora Beeton... Onde estás quando precisamos de ti? Reza a lenda que, no seu livro de 1861, a grande Isabella orientava as donas de casa a primeiro pegarem o frango. Mas isso não é verdade. O que ela de fato ensinava aos leitores era como caçar uma lebre para preparar um ensopado, algo muito mais complexo do que perseguir uma galinha no quintal.

Ou pelo menos era o que eu pensava. Mas me lembrei da senhora Beeton quando, no início da década de 1980, um dos meus muitos cunhados tentou agarrar um galo pela primeira vez. Nosso galo, já que íamos preparar um *coq au sang* (frango ao molho pardo), outra maravilha da culinária francesa e receita irmã do *coq au vin*. Estávamos fazendo pouco progresso. Acho que Pierre não gostava daquele galo e tenho certeza de que o galo não gostava nem um pouco dele. Lembro vagamente que o bicho tinha atacado Pierre ou sua esposa, irmã de minha esposa. O que lembro é que o galo desfilava arrogantemente ao redor do galinheiro, numa vila de pedra nos arredores de Paris, como se fosse o dono do pedaço. Ele provavelmente era e não estava nem um pouco disposto a ser apanhado. O bicho cacarejava e saltava batendo as asas, se esquivava e costurava, e ousava dar bicadas em nossas panturrilhas e calcanhares quando desviava sob nossas pernas.

O homem venceu no final, como era de se esperar. Pierre encurralou o bicho e o que se seguiu mais parecia uma briga de bar. O galo foi então amarrado de cabeça para baixo em uma viga da garagem. O resto deste artigo é censurado para menores de 18 anos. Não leia mais se a violência o ofende.

Pierre entrou na casa e voltou com um instrumento de inox semelhante a um alicate de poda com uma lâmina de corte e outra de apoio, côncava, ainda no estojo. Enquanto porcurava uma bacia de alumínio amassada na despensa do jardim, ele disse que precisava cozinhar o *coq au sang*. A idéia era colocar a lâmina dentro do bico do galo e apertar as alças do instrumento de corte. A lâmina côncava desceu e pressionou o palato da ave contra a lâmina de corte, que penetrou no cérebro e provocou uma morte instantânea, de acordo com as instruções. A ferramenta foi estrategicamente projetada para permitir um fluxo constante do melhor sangue do *coq*, que escorreria para a bacia e seria usado para engrossar o molho.

Eu assisti enquanto Pierre realizava tudo isso e a única coisa que me veio à cabeça é que ele era muito mais corajoso do que eu. O galo se agitava freneticamente, mas Pierre se manteve firme, e cerca de uma xícara do precioso fluido do animal escorreu para a bacia. Ninguém deve se esquecer de que preparar animais para cozinhar é uma coisa brutal e muitas vezes repulsiva.

Nós escaldamos e depenamos o galo e o que mais nos surpreendeu foi a quantidade de vermes que viviam na pele ou próximo à pele do bicho. Então ele foi eviscerado e cortado e seguiu para a panela. No final das contas, sua carne estava um tanto dura e não exatamente das mais saborosas, depois de pronta.

Eu não tenho a menor intenção de sugerir que alguém se lance nos rituais de preparar um *coq au sang*. Mas um *coq au vin* bem preparado é algo supremo. Tudo deve começar com um galo de quintal grande. Um galo grande resolve. A coisa importante a lembrar sobre o galo ao vinho, para traduzir o nome do prato, é que ele deve ser preparado no dia anterior. Por um motivo muito importante.

Primeiro, doure os pedaços de carne com cebola picada na manteiga. Despeje um pouco de farinha de trigo e cozinhe por alguns minutos. Os pedaços da ave devem parecer cobertos por um tipo de gosma granulosa. Aqueça um pouco de conhaque em uma panela pequena, faça com que queime e despeje sobre a carne; em seguida, acrescente pelo menos meia garrafa de um bom pinot noir, sal e pimenta a gosto e alho amassado e picado. Cozinhe em fogo brando por pelo menos uma hora. (Se o líquido não for o suficiente para cobrir a carne, acrescente mais vinho e um bom caldo de galinha.) Desligue o fogo e deixe seu *coq* em paz até o dia seguinte.

Meia hora antes de servir, requente a receita e acrescente pequenos cubos de bacon, cebolas pequenas fritas na manteiga e os cogumelos da sua preferência. Confira o sal e sirva. A carne deve estar, até o contato com os ossos, com uma coloração amarronzada, graças ao vinho; ela também deve ter sabor complexo, mas heróico. A maioria dos *coqs au vin* servida na Austrália é privada dessa característica. Não faço a menor idéia do motivo, mas suspeito da preguiça de cozinhar no dia anterior um prato que será comercializado. Em alguns artigos que escrevi, até coloquei alguns restaurantes à prova por não terem dado à carne a cor certa com o vinho. Siga os passos que sugeri e você conseguirá.

078 ovos cozidos

O que os ovos cozidos estão fazendo entre pratos de preparo tão mais complicado? Os franceses têm um ditado que usam com pessoas que os aborrecem, principalmente familiares: "Vá cozinhar um ovo!". O que isso quer dizer é que você tem tempo livre demais, está me irritando, e cozinhar um ovo pode parecer simples, mas se for feito corretamente fará com que me deixe em paz por algum tempo. E se você cozinhar um ovo corretamente, o resultado é divino.

Três minutos em fogo brando? Bem, sim, mas... existem muitas variáveis, não é verdade? A frescura e o tamanho do ovo, a quantidade de água na panela e, para levar os detalhes técnicos às últimas conseqüências, a altitude onde você estiver, já que isso afeta a temperatura. Um livro de culinária muito antigo, mas confiável, que consulto para conferir técnicas tradicionais descreve três formas de cozinhar um ovo: colocar os ovos gentilmente em água fervente e cozinhar em fogo baixo por dois a três minutos, tirando-os da água imediatamente; colocar os ovos em água fervente com sal, cobrir a panela, tirá-la do fogo e deixar os ovos cozinhando abafados por quatro a cinco minutos; ou colocar os ovos em água fria em fogo médio e retirá-los do fogo quando a água ferver.

Então boa sorte quando cozinhar um ovo. Só tenho alguns detalhes a acrescentar: ajuda se os ovos estiverem à temperatura ambiente – isso diminui a possibilidade de quebrarem ou de ficarem com uma cor estranha na clara. E tempere os ovos cozidos apenas com sal ou um pouco de pimenta-do-reino moída. Manteiga, se quiser ser excessivo. E, por favor, use os ovos mais frescos que conseguir.

079 o cuscuz de verdade de uma velha argelina

Ao escolher o título acima – e a conseqüente recomendação –, eu o fiz com alguma tensão, e me veio à mente um incidente doloroso e dramático pelo qual passei. Muitos anos atrás, eu e minha esposa tínhamos uma amiga nascida e criada na Argélia. Argelina européia, ela – e seus pais e avós – tinham orgulho de sua condição de *pieds noirs*, o termo informal usado para classificar os europeus de origem nascidos no norte da África. Sua mãe idosa, que a visitava na Austrália freqüentemente, morava na França, refúgio habitual dos *pieds noirs* depois da independência da Argélia, e era perita na arte de fazer cuscuz. Certa noite fatídica, fomos convidados a experimentar a receita tradicional.

E, claro, com a refeição, vieram comentários racistas e mal-humorados sobre os árabes em particular e todos os norte-africanos que haviam tomado o país dela. Isso acabou se transformando em um tipo de fundo musical constante para o que começou como uma refeição absolutamente deliciosa.

Essencialmente um ensopado de carneiro e galinha acompanhado de painço ou sêmola cozida no vapor (o que chamamos de cuscuz, mas que, na verdade, é apenas o carboidrato que completa a receita), o verdadeiro cuscuz é fruto de diversos outros detalhes. Primeiro, há o caldo do ensopado, que é servido separadamente como sopa. Há também os pedaços de carneiro e galinha, que devem ser cozidos em fogo baixo por algumas horas em um caldo aromático preparado com cenouras, cebola, pimenta em pó, tomates, aipo, folhas de louro, ervas como salsa e tomilho, e uma infinidade de temperos, que incluem pimenta-do-reino preta, cravo, canela e cominho. Alcachofras picadas, grão-de-bico, nabo, feijão, moranga e abobrinha também fazem parte da mistura. Geralmente, a carne e as verduras são servidas em tigelas separadas. Entre os acompanhamentos, não pode faltar pimenta em pó, em pasta ou pimentas frescas.

Então vêm os pequenos glóbulos de grãos cozidos no vapor. A enciclopédia *Larousse Gastronomique* se aprofunda em minúcias na etimologia da palavra "couscous". Ela pode ser uma variação de *rac keskes*, que em um dialeto do norte da África quer dizer "pequeno amassado"; ou uma versão fonética para uma infinidade de transcrições possíveis da palavra que descreve uma panela de barro. Esta última é dotada de furos que permitem que os grãos sejam cozidos quando colocada em cima de outra panela com água ou caldo fervente. Outras fontes acreditam que o termo "couscous" é simplesmente uma onomatopéia usada para descrever o som do vapor passando pelos furos da panela. Se você procurar em mercados de pulgas norte-africanos ou franceses, é bem capaz que encontre uma verdadeira *couscousière* (cuscuzeira) de bronze com entalhes. Para que seja cozido corretamente, os grãos não devem entrar em contato direto com a água. Hoje em dia é possível comprar um preparado de cuscuz e simplesmente acrescentá-lo a caldo fervente e misturar.

E o cuscuz da velha mal-humorada era sensacional: as carnes e os vegetais cozidos tinham sabores multifacetados, os grãos cozidos eram leves e macios. Com uma crítica cruel sobre os defeitos de *les Arabes* ao fundo, fui convocado a repetir. E a comer um terceiro prato. E fui comendo, empurrando cuscuz à base de um robusto shiraz de Victoria alheio ao perigo. Nós nos levantamos devidamente saciados – depois de alimentados como se fôssemos da realeza beduína – e fomos para casa.

Acredito que os grãos cozidos no vapor têm a tendência de continuar a cozinhar: algumas horas depois de terminar de comer, me transformei em uma *couscousière* humana. A semolina inchou dentro de mim. E eu expandi com ela. A dor era excruciante. Esse castigo torturante em punição pela minha gula desmesurada continuou por cerca de seis horas. Eu, naturalmente, não consegui dormir. E sobrevivi por pouco.

Depois disso, sempre fui muito cuidadoso ao comer cuscuz. Mas, caramba, aquilo é simplesmente sensacional – cada um dos seus ingredientes e acompanhamentos, e toda e qualquer versão. Tão bom que, a partir de 1975, quando famílias de imigrantes tunisianos, marroquinos e argelinos passaram a "invadir" a França, os restaurantes de cozinha norte-africana se especializaram em cuscuz. Fique atento na próxima vez que for a Paris. Você verá a palavra "couscous" com muito mais freqüência do que a palavra "coq au vin". Apesar da sua xenofobia, os franceses – de estudantes a executivos – se apaixonaram pela coisa, que invadiu os cardápios de refeitórios de escolas e empresas. Uma pesquisa realizada em 2004 identificou o cuscuz como o quarto prato preferido dos franceses (desbancado por mexilhões, *blanquette* de cordeiro e *pot-au-feu* – carne de panela). Os franceses comem 75 mil toneladas de cuscuz por ano. Os australianos ficam bem atrás – mas nós nunca perdemos uma colônia, nunca tivemos de voltar atrás em pronunciamentos arrogantes que afirmavam que a Argélia era francesa, nem nunca tivemos o fundo musical certo para acompanhá-lo.

080 lagostim assado

Apenas pelo desafio, incluí o lagostim entre os pratos reconfortantes. Acredito que este seja o maior dos crustáceos – sua carne é mais doce e muito mais delicada em matéria de gosto e textura do que qualquer tipo de camarão ou lagosta que você possa conhecer. E vou seguir na minha longa jornada para a vida eterna comendo sanduíches de lagostim. Eles são tão delicados que devem ser congelados imediatamente, pois se deteriorariam rapidamente se fossem transportados ainda frescos. (Um teste que talvez transcenda o escopo deste livro pode ser embarcar em um barco lagosteiro algum dia entre hoje e o dia da sua morte e cozinhar lagostins recém-apanhados no convés. Essa, sim, seria uma experiência gastronômica sublime!)

Na Austrália são chamados de *scampi*, mas na Europa são conhecidos como *Dublin bay prawns*, *deep-sea prawns*, *Norwegian prawns* ou pelo nome francês, *langoustines*. São fáceis de identificar: um bom espécime cresce até cerca de 20 centímetros de comprimento, tem uma bela coloração rosada uniforme e duas pinças compridas e iguais. A maioria dos lagostins consumidos na Austrália vem das águas profundas da Nova Zelândia, mas a frota lagosteira pesca volumes significativos de *Metanephrops australiensis* nos leitos lamacentos do oceano Índico e do mar do Timor e na costa noroeste da Austrália Ocidental.

O lagostim é tão reverenciado por chefs e gastrônomos que você deve se deparar com uma miríade de pratos deste crustáceo em restaurantes de todo o mundo. Os cozinheiros dos *tavole calde* (cafés) italianos geralmente os afogam em molho de tomate. As receitas francesas tendem a cozinhar demais os bichos com os ingredientes de costume – alho, echalotas, creme de leite, sal e pimenta. Mas sua carne sublime é delicada demais para esse tratamento de choque. Eu digo a vocês que isso é um pecado. E gosto de pensar que nós temos mais respeito pela comida, de modo a não permitir que isso aconteça.

Então eu vos conclamo a adaptar uma receita que me inebriou quando a comi alguns anos atrás no primeiro Tetsuya's em Rozelle, na Austrália, muito antes de Tetsuya Wakuda ganhar fama mundial. Ele até mesmo alerta que o segredo para preparar o lagostim é assá-lo até o ponto em que estiver quase cozido – isso é fundamental. Ele corta os lagostins ao meio e tempera com sal, pimenta-do-reino branca e chá do Ceilão bem moído – apenas uma pitada. Então leva ao forno bem quente e tira depois de cerca de três minutos ou apenas quando estiverem quentes ao toque. A carne deve estar ligeiramente translúcida. Ele tempera os crustáceos com um "óleo de lagostim" preparado à base das cascas fritas com vegetais aromáticos como cenoura, aipo e cebola. E os acompanhamentos são, mais uma vez, mais complexos do que o necessário para surpreender os amigos e vizinhos. Isso pode até mesmo ser resolvido com uma colher generosa de um bom vinagrete (ver "Um vinagrete de verdade").

081 *gratin dauphinois*

As formas de preparar batatas são incontáveis, mas preparar um verdadeiro *gratin dauphinois* deve ser uma das suas principais metas culinárias antes de sequer pensar em se aproximar de um descascador de batatas. Esta receita é tão intensa e ocupa tão completamente a boca que todos os espaços parecem preenchidos com sua consistência cremosa. E ainda por cima é extremamente simples de preparar, apesar de, por estranho que possa parecer, ser muito fácil de preparar um *dauphinois* abaixo da média.

A chave do sucesso, como sempre, é usar ingredientes de boa qualidade. Compre boas batatas. Sempre há controvérsia quando sugiro uma ou outra variedade de batata e nunca tomei nota do tipo de batata que usei quando preparei meus melhores *dauphinois*. Então faça experiências. Onde eu moro, geralmente uso batatas firmes de preço médio a alto. Não compre as mais baratas e nunca use as variedades mais moles. Pode ser vantajoso conversar com um feirante de confiança e pedir sua sugestão. Ao serem cortadas em discos, as batatas descascadas devem estar firmes e verter caldo.

O procedimento daqui por diante é bem simples. Use um refratário fundo e unte o fundo e as laterais com alho amassado e manteiga. Então monte camadas de batata com alho amassado e picado, pimenta-do-reino moída e sal grosso (cuidado para não exagerar). Acrescente nacos de manteiga, se gostar de receitas substanciosas. Ferva leite integral em uma panela e, depois de desligar o fogo, acrescente queijo ralado e mexa para derreter. Algumas receitas tradicionais podem sugerir que se acrescente um ovo batido (espere até o leite esfriar um pouco), o que dá ao *dauphinois* uma consistência mais pastosa, em lugar da textura cremosa que se tem sem o ovo. Eu passo sem o ovo, já que prefiro a consistência cremosa. Já adaptei a receita acrescentando creme de leite ao leite fervente. Qualquer que seja a sua preferência, quando tiver um líquido denso, despeje-o sobre as batatas. Cubra o topo com uma camada grossa de queijo ralado – apesar de os livros-texto recomendarem o magnífico gruyère, pode-se usar qualquer queijo duro – e mais nacos de manteiga.

Coloque o refratário no forno preaquecido e asse por cerca de 45 minutos. A superfície do *dauphinois* deve ficar razoavelmente resistente e dourada. É difícil cozinhar demais e secar um *dauphinois*, então você pode assar por mais tempo – o que dá às batatas uma consistência mais cremosa – com o refratário coberto. Mas retire a tampa nos últimos cinco minutos no forno para gratinar.

082 O *crème caramel* de Dominique

Uma das melhores amigas de minha esposa era uma das mulheres mais bonitas do mundo. Ela era de Madagascar, onde o pai era exportador de baunilha. Nunca soubemos exatamente os detalhes do caldeirão étnico do qual ela era fruto, mas o certo é que produzira uma mulher alta, morena e de beleza incomum.

E ela nos mimava com favas de baunilha frescas – ou recém-exportadas, já que as favas de baunilha vêm de longe para serem processadas. Minha esposa Dominique dava um sabor especial ao seu *crème caramel* com elas.

Nunca vou esquecer o aroma das favas de Yvette. Quando desfazíamos o embrulho de papel-manteiga, seu perfume tomava conta da cozinha. O interessante é que seu aroma parecia inextinguível; nós usávamos as melhores sementes aqui e ali no decorrer dos anos, mantendo as restantes na geladeira. Com o comprimento de uma mão, as favas eram enrugadas e marrom-escuras e tinham a consistência de tâmaras secas e superfície com granulação finíssima, sinal evidente de sua qualidade superior.

Em seu dicionário *Food*, Waverley Root devota mais de quatro páginas à baunilha, um dos verbetes mais extensos. Ele reporta que a baunilha foi descoberta na América Central pelos espanhóis; aparentemente, os astecas a misturavam ao chocolate no preparo de uma bebida a ser consumida após o jantar. Os espanhóis, sem dúvida atordoados com a descoberta desses novos aromas e sabores, preferiam acrescentar canela ao chocolate noturno.

Root relata que as três espécies do gênero *Vanilla* são na verdade orquídeas trepadeiras com filamentos tão compridos quanto uma pista de atletismo olímpica. As favas, a princípio semelhantes a vagens, adquirem coloração amarelo-dourada, marrom-chocolate e então quase preta, e são colhidas quando estão quase maduras. Essa atividade é intensiva em mão-de-obra, o que se reflete no alto preço da baunilha e no grande mercado de essência de baunilha falsa.

As favas recém-colhidas são praticamente inodoras, mas a fermentação realça o que têm de melhor. A enciclopédia *Larousse Gastronomique* relata que são colocadas brevemente em água fervente e em seguida postas em recipientes hermeticamente fechados antes de secas. Com o tempo elas desenvolvem microscópicos cristais de vanilina, que se assemelham a um pó fino. Abra as favas antes de usar para liberar grânulos pequeninos, as sementes de baunilha.

Esse processo de abrir as favas de baunilha causou grande impacto em mim em 1987, no Jamin, o maravilhoso restaurante de três estrelas do guia *Michelin* de Joel Robuchon, em Paris (ver "Purê de batata de Joel Robuchon"). Eu achava inacreditável o poder sensual do seu *crème brûlée*. Então, próximo ao fundo da tigela, vi pequenos grânulos do tamanho de grãos de poeira iluminados por raios de sol. Quando descrevi isso para ele, Robuchon disse distraído: "Drôle d'effet, eh!" (Que efeito interessante, hein?).

O *crème caramel* de Dominique é campeão e não apenas devido às maravilhosas sementes de baunilha de Yvette. Ela prepara a receita com tal precisão e cuidado que parece estar cozinhando em um restaurante. E por isso o resultado é tão bom. Primeiro, ela prepara o caramelo com cerca de 200 gramas de açúcar, um pouco de água e uma quantidade ainda menor de vinagre de vinho tinto. Essa mistura é aquecida em uma caçarola pesada até que o caramelo adquira coloração acobreada. Mas não cozinhe demais: quando a calda estiver escura e com uma consistência difícil de escorrer, coloque-a com uma espátula em um refratário – onde você vai assar o *crème caramel* – e gire a fôrma até que a calda cubra toda a superfície do fundo e cerca de dois terços da altura das laterais.

Agora, ferva cerca de quatro xícaras de leite com as favas de baunilha – duas já darão um sabor maravilhoso. Enquanto o leite aquece, bata meia dúzia de ovos e cerca de 200 gramas de açúcar refinado em uma tigela. Quando o leite estiver prestes a ferver, acrescente a mistura de ovos e açúcar e bata vigorosamente com um batedor de ovos. Este será o seu *crème* ligeiramente gelatinoso depois de assado, mas algumas pessoas passam a mistura batida numa peneira antes de colocá-la no refratário. Dominique nunca faz isso e seu *crème* sempre tem acabamento irretocável. Por fim, ela coloca o refratário em banho-maria no forno em temperatura média por 30 a 40 minutos. Tire o *crème* do forno quando a superfície estiver dourada e ele tremelicar quando agitado. Ficará lindo quando frio. Coloque o refratário na geladeira por algumas horas e passe uma faca na borda para ajudar a desenformar. Coloque um prato sobre a fôrma e vire rapidamente para que a fôrma fique em cima do prato; o *crème* deve desenformar sem sustos. Ele estará perfeito se não tiver furos – nem um furinho – e a consistência macia for uniforme.

Um dia, quando viajavam em um feriado, Yvette e os dois filhos morreram em um acidente de carro. Isso saiu em todos os jornais. O marido, que vinha atrás em outro carro, presenciou a tragédia e embalou a filha moribunda nos braços.

Obviamente, não somos mais presenteados com as favas de baunilha de Yvette, mas cada vez que Dominique prepara um *crème caramel*, gosto de pensar nele como um memorial para todas as mulheres do mundo e em especial para a filha muito bonita e especial de certo exportador de baunilha.

083 a *pavlova* de Brent

Como teria dito o grande Ernest Hemingway[15], fazer uma boa *pavlova* faz bem para um homem decente. Mas suspeito que Ernest nunca na vida tenha cozinhado essa maravilhosa sobremesa australiana. (Estava ocupado demais com os pombos dos Jardins de Luxemburgo.)

Agora um jovem de meia-idade, meu amigo Brent, que ainda está vivo e concentra a criatividade em cozinhar e não em escrever, é um homem muito decente, que tem todo o direito de ficar irritado ao internalizar a magnitude dos problemas de outras

---

15 - O escritor americano Ernest Hemingway (1899-1961) trabalhou como correspondente de guerra em Madri durante a Guerra Civil Espanhola. A experiência inspirou a grande obra *Por quem os sinos dobram*. Em Paris, onde viveu como expatriado, um de seus lugares preferidos eram os Jardins de Luxemburgo. (N. E.)

pessoas que ouve diariamente, dada a sua atividade profissional. Ele também é um especialista em *pavlova*. E me confidenciou que não acumula uma falha sequer desde que começou a cozinhar essas maravilhas, aos dez anos de idade. A receita que usa é de sua mãe franco-canadense, apesar de se recusar a revelar o que ela fazia com a receita. Segundo ele, a mãe recortou a receita de uma revista feminina. (Seria a estimada publicação mensal de Quebec *Cuisine Australienne Aujourd'hui*?)

A *pavlova* de Brent começa de modo convencional. Ele bate as claras de quatro ovos grandes até obter uma espuma bem consistente. Uma xícara de açúcar refinado é acrescentada aos poucos aos ovos. Acredito que ele faz isso com o mesmo cuidado que emprega na sondagem das complexidades de mentes perturbadas. Ele acrescenta um pouco de vinagre branco e algumas gotas de essência de baunilha. Com uma colher, coloca a mistura em uma bandeja coberta com papel-alumínio, moldando-a o mais alto que conseguir. Para Brent, se a base da *pavlova* tiver a altura de meia mão, é grande a chance de sucesso.

A base vai para o forno alto preaquecido por 15 minutos. Ele então desliga o forno e a deixa lá dentro por pelo menos duas horas. "Não abra o forno para espiar!", acrescenta ele. Em seguida, tira a base, vira-a de cabeça para baixo numa travessa e retira o papel-alumínio.

Os neozelandeses ficam magoados quando os australianos tomam para si a honra da invenção da *pavlova*. É verdade que os kiwis[16] já cozinhavam pequenos bolos de merengue desde antes da Segunda Guerra, quando o prato foi concebido. Mas eles não criaram o grande ícone da culinária australiana. Isso ficou a cargo da criatividade de um cozinheiro de ascendência alemã. Sou grato a *One Continuous Picnic*, de Michael Symons, pela história que se segue.

---

16 – Kiwis são nativos da Nova Zelândia descendentes de europeus. (N.R.)

Bert Sachse, criado no vale de Barossa, sul da Austrália, acabou perdendo a fazenda de trigo na Austrália Ocidental em 1926, uma vítima precoce da Depressão. Sua esposa Marie era uma cozinheira de mão-cheia, então ela e Bert montaram um restaurante e doceria em Mullewa, a algumas centenas de quilômetros de Perth. Marie ficou gravemente doente e, como eles tinham quatro filhas e um filho para sustentar, ela achou que Bert precisava aprender a cozinhar. Então ela o ensinou. Um grupo de tosquiadores de ovelhas que passava pela cidade publicou um anúncio em busca de um cozinheiro e Bert aceitou o trabalho. Ele acabou largando o emprego com os tosquiadores e se tornou um chef de hotel bem cotado, a princípio. Por volta de 1934, Bert excedeu suas próprias expectativas ao assumir a cozinha do Hotel Esplanade em Perth, capital da Austrália Ocidental, que tinha a mesma idade que ele na época, 36 anos.

Os chás da tarde do Esplanade eram muito refinados e a administradora do hotel, a senhora Elizabeth Paxton, certo dia decidiu que atrairia ainda mais clientes com a criação de uma nova receita de doce. Acompanhada do gerente do hotel, Harry Nairn, ela foi até Bert, que achou que poderia aprimorar uma receita de bolo de merengue. Por muitos anos, o fato de eles serem duros demais o irritava. Bert teria dito que criaria "uma receita que tivesse a casca crocante, mas que fosse tão macia quanto marshmallow".

Ele fez experiências durante um mês e acabou chegando à *pavlova* tradicional, acrescentando amido de milho e vinagre às claras de ovos batidas. Quando apresentou sua nova criação, tanto Elizabeth quanto Harry afirmaram que ela era "leve como Pavlova". (A grande bailarina que dançara em Perth em 1929, dois anos antes de sua morte.) Chantilly e maracujá foram os recheios de Bert desde o início.

E no maior dos livros de culinária australianos, a *Encyclopedia of Food & Cookery*, a minuciosa escocesa Margaret Fulton não utiliza amido de milho. Como todas as receitas que têm a ver com massa, doçura e ovos, é algo difícil de assar. Fulton oferece protocolos distintos para fogões a gás e elétricos. Ao cozinhar com gás, diz ela, deve-se usar a temperatura mais baixa e cozinhar sua *pav* por 90 minutos. No forno elétrico, o processo leva metade do tempo, mas é preciso desligar o forno e deixar a *pav* ali dentro por mais uma hora.

Eu o confundi o suficiente? Bem, só aconselharia a dar uma chance à *pav* de Brent, por mais que eu goste de Margaret. Ele diz que a cobertura fica a nosso critério. "Qualquer coisa cremosa que seja de seu agrado", sugere esse homem com estrutura de uma vagem. Ele enriquece suas *pavs* com banana fatiada, chantilly adoçado, pedaços de morango e "maracujá por todos os lados". (Um pouco até vai. Mas, se você quer comer a *pav* de Brent e continuar magro, vá correr maratonas com ele.)

Acho que é hora de alçarmos a *pavlova* para além dos limites do creme e do maracujá e explorar campos culinários nunca antes desbravados. (Ainda não ofereci as sugestões seguintes para Brent, em grande parte porque ele sempre me achou caso para tratamento mesmo sem eu haver corrompido a sua grande sobremesa.) Por que não usar cremes consistentes ou puros? Ou mascarpone? Ou *cream cheese* e uma fruta doce, como goiaba? Ou por que não vaporizar bebida alcóolica sobre a *pav* e depois continuar com mel ou melado e creme de leite? Ou ainda, por que não cobri-la com pedaços finos de maçã caramelada e queimá-las com calor irradiado ou um maçarico? E alguém já preparou uma *pav* sem açúcar? Em que eu colocaria, se a preparasse – algo que nunca fiz – uma camada de parmesão, que queimaria até que derretesse. Tenho certeza de que as *pavlovas* podem ser modificadas de forma exponencial, culinariamente falando.

E para aqueles de vocês, como eu, cujas *pavs* sempre dão errado, Brent dá um último conselho. É preciso bater os ovos até o ponto de neve dura e o forno deve estar quentíssimo quando você colocar a sua *pav*.

084 a canja de galinha da sra. Weiniger

Talvez esta pequena jóia não deva afinal se enquadrar na categoria "difícil" da culinária caseira. Afinal, canja é canja, a não ser quando os irmãos Marx a preparam com pato. Não, a canja de galinha da sra. Weiniger não é nem um pouco revolucionária. É só galinha, oras bolas!

Se você adotar essa abordagem, será o primeiro dos seus problemas. Você não vai comprar uma galinha específica, como faz a sra. Weiniger. Em seus 87 anos, ela nunca achou tão difícil conseguir uma boa ave. Mas ela procura de cima a baixo, com a ajuda de seu único filho, meu amigo Peter, que se tornou algo ainda mais importante do que um médico. (Um jornalista.)

Quando menina, em Viena, ela nunca teve de cozinhar. Mas quando Hilde e seu novo marido, Kurt, escaparam para a concessão francesa em Xangai (que mais tarde seria sitiada pelos japoneses e restrita a um gueto vigiado, onde seu filho nasceu), ela aprendeu a preparar canja de galinha. A família vivia em um único quarto e Hilde cozinhava usando um forno à lenha. Sua canja veio não de uma receita, mas do passado.

Então nos sentamos recentemente em uma manhã de Shabat e começamos com o *liptauer* da Sra. Weiniger – uma espécie de *cream cheese* e manteiga com páprica e alcaparras picadas – com torrada. Então comemos fígado em pedaços – um patê de fígados de galinha, cebola e gordura de galinha – com torrada. Daí nos deliciamos com a canja da sra. Weiniger e ela me contou o que a receita levava.

Hoje em dia, ela só compra frangos criados. As aves já viram tempos melhores, ela me lembrou. Quanto mais magra a galinha, melhor. E ela acrescenta a essa boa galinha na panela os aromáticos de sempre: aipo, cenouras, alho-poró, alho e muita salsa. E é isso, além de no mínimo três horas de cozimento. A canja de galinha é sempre preparada de véspera, acrescenta ela, e quando a retiramos da geladeira devemos remover qualquer camada de gordura de seu topo antes de reaquecer e servir a sopa.

Com bolinhas de matzá[17], é claro. Que ela prepara com uma xícara e meia de farinha de matzá, que parece migalhas pedaçudas, três ovos, azeite de oliva, sal, salsa picada e meia xícara de água morna. O resultado é verdadeiramente magnífico. A sopa adquire um tom cáqui pálido, translúcido, salpicado de salsinha, e é deliciosa no palato, sem denunciar nenhum sabor especificamente, como se graças a uma espécie de perseverança ancestral. Eu estava gripado e em meio dia essa "penicilina judaica", como a canja é conhecida, me curou. (Para seu governo, acho que a experiência teve sua parte nesse fato também.)

"O que a senhora faz com a galinha?", perguntei. A sra. Weiniger tentou escapar um pouco a essa pergunta, mas acabou admitindo que preparava uma espécie de risoto para seus netos, que o adoravam.

Ela não entende como tem gente que usa cubos de caldo industrializado para fazer sopa e vai continuar fazendo a sua do seu jeito, muito obrigada, mesmo que os anos já pesem sobre as suas costas. Outro dia, por exemplo, ela acordou preocupada porque não conseguia encontrar seu remédio. Após uma hora procurando por ele, ela relaxou. Percebeu que não estava tomando nenhum remédio. O fato de achar que estava tomando remédios quando na verdade não estava a preocupou um pouco, entretanto. Assim é a velhice.

Agora encontre a sua própria avó judia.

085 massa folhada do Peter

Boa parte da culinária trata de alquimia. Alguns conseguem praticá-la, outros não. Duas pessoas podem ficar lado a lado, usar

---

17 - Pão sem fermento ou levedura. (N. E.)

os mesmos ingredientes, idênticos, e seguir o mesmo procedimento. Uma poderá conceber algo sublime. Já a outra... As massas doces são as mais impiedosas. Não sou capaz de fazê-las. Já tentei repetidas vezes e assisti maravilhado ao meu cunhado Peter fazer sua massa folhada. Ouvi atentamente suas instruções professorais, suas tentativas de me ensinar. Mas, mesmo assim, errei.

Além disso, me irrita a maneira inacreditável como ele consegue prepará-la sempre bem. Ele nunca erra. Escrevi um livro infantil (nunca publicado) em que dizia que a culinária era um tipo encantado de arte. Uma das personagens da narrativa, que E. M. Forster[18] teria chamado de "redonda", era uma avó e cozinheira maravilhosa, que em certo momento diz que não consegue compreender por que cozinha tão bem; a mágica simplesmente surge através das pontas de seus dedos. Peter é desse jeito. No que diz respeito a massas doces (e a muitos outros pratos, devo dizer), ele pode tudo. Eu não.

Por um tempo, no final dos anos 1970, eu costumava chamá-lo de Mepajoa, o Melhor Paladar Jovem da Austrália. Ele gerencia o alojamento de uma famosa escola e leciona inglês e literatura. Mas sua massa folhada supera qualquer outra coisa que ele faça. Qualquer restaurante no mundo iria deleitar-se em servi-la. É surreal, embebida pelos deuses. Peter, é claro, insiste que é uma droga, mas não tenho tanta certeza que ele ache isso mesmo.

A massa folhada – *pâte feuilletée* – está no ápice da culinária francesa, é a mais elaborada das habilidades de um pâtissier. Basicamente, a massa é preparada e aberta, depois dobrada na manteiga, deixada em repouso e então aberta novamente, virada, dobrada, e assim por diante, continuamente, de modo que precisamente 729 camadas milimetricamente finas surgem quando a massa é assada. O grande chef francês Antonin Carême afirma que é importante que "a massa (...) não seja

---

18 - Edward Morgan Forster (1879-1970) foi um novelista britânico. (N. E.)

nem muito firme nem muito macia: deve estar precisamente entre as duas coisas". Ele completa: "Contudo, é melhor que esteja um pouco mais para o lado suave do que para o duro demais". Espero que você tenha entendido.

Peter diz que demorou anos até encontrar o ponto certo. Começa-se com quantidades iguais de farinha e manteiga. Para fazer a massa, misture um quarto da manteiga com toda a farinha e metade da quantidade de farinha em água fria. Peter acrescenta algumas gotas de suco de limão. A parte difícil vem agora. Depois de deixá-la por meia hora na geladeira, molde a massa em um retângulo perfeito, como uma folha de papel A4. Respingue os dois terços superiores dele com um terço do que restou da manteiga e dobre o terço inferior para cima e o terço superior para baixo sobre ele, como se fosse uma carta.

Depois de mais um tempo na geladeira, vire o bloco de massa 90º, abra em retângulo, volte a dobrar, vire 90º, desdobre e acrescente mais um tanto do restante da manteiga, do mesmo modo como fez antes, e deixe descansar novamente. Após ainda mais tempo na geladeira, repita o procedimento para acabar com a manteiga (e possivelmente com você mesmo). Há algumas regras cruciais. Gire a massa sempre na mesma direção. A massa e a manteiga devem estar sempre na mesma temperatura e com consistências similares. E a cada vez que desenrolar a massa, deve-se formar um retângulo perfeito, com cantos retos.

Peter combina sua massa folhada com brotos de aspargo no vapor, por exemplo, mas gosto especialmente de sua torta de maçã. Ele abre uma folha de massa folhada no formato de um retângulo A4. Conservando uma borda considerável nas extremidades, preenche a tela com maçãs descascadas, fatiadas e fermentadas na manteiga um dia antes, canela e raspas de nozmoscada e cravo-da-índia. Ele então abre uma segunda folha, do mesmo tamanho e um pouco mais fina, umedece a borda da primeira folha e pressiona suavemente a segunda sobre ela –

sobre as maçãs também, é claro. Ele trança decorativamente o topo, passando uma cobertura de gema batida, e assa a torta por 40 minutos em forno extremamente quente. Fica maravilhosa.

De todo modo, *bonne chance* com a *pâte feuilletée*. Com um pouco de sorte, é até capaz de você ter "o dom".

086 pudim de Natal da Karen

A densidade física é um conceito interessante. Tem a ver com quanta massa há em um determinado volume. Alguns especialistas dizem (pelo menos acho que dizem) que há alguns pontos no universo do tamanho da cabeça de um alfinete que contêm a massa combinada de galáxias inteiras. Nunca creio demais no espaço sideral, achando que o céu é provavelmente pintado sobre um enorme pano de fundo a algumas centenas de quilômetros acima da Terra. Nunca me importei em pensar quem o teria pintado e por quê. E não ligo para o que está além dele.

Acredito nas coisas que estão à minha frente e o pudim de Natal da Karen só é crível porque – como o Everest – está lá. É simplesmente a entidade mais densa no universo que conheço, contendo uma galáxia gastronômica inteira em suas dimensões convencionais de pudim. E tudo o que ela diz é que segue uma receita publicada num grande jornal muitas décadas atrás. Pensei que ninguém tivesse curtido a época da minha juventude, mas quem preparou o pudim da Karen deve ter se divertido. Pelo menos todo 25 de dezembro.

Há uns dois anos, Karen e eu fizemos uma disputa de pudins de Natal; ela venceu. E eu havia tido tanto trabalho para preparar o meu! Eis o que fiz.

Primeiro, li várias receitas de pudim de Natal. Pareceu-me que alguns ingredientes – sebo, melaço e bicarbonato de sódio – dificilmente seriam incluídos na maioria das versões atuais desse clássico. Sabendo que eu nunca mais teria de reproduzir o pudim de maneira exata de novo (e que algo similar ficaria igualmente bom quando o fizesse), utilizei itens de várias listas de ingredientes diferentes: uvas sultanas, passas, frutas secas mistas, especiarias em pó, o bom e velho bicarbonato de sódio, ovos, farinha, vinhos do norte do estado australiano de Victoria (moscatel e Porto), rum, farinha de pão amanhecido, sebo (a gordura branca pura que envolve os rins dos animais, ver "Pudim de sebo com carne e rim") e melaço. Não tomei medida de nada, exceto da farinha, deduzindo por adivinhação qual seria a quantidade certa e provando em seguida.

Há muitas maneiras de combinar esses ingredientes, mas simplesmente misturei tudo numa vasilha grande e deixei na geladeira por 24 horas. Pudins desse tipo devem ficar em banho-maria por três a oito horas, numa fôrma específica, e envoltos em musselina quente. Algo me diz que o meu foi feito em cinco horas e meia. Preparei-o semanas antes do Natal e o reaqueci em seu manto de musselina por mais 90 minutos antes de servir. Mesmo tendo ficado excelente, ainda assim não era páreo para o da Karen. Eis o procedimento dela.

Sendo a dama honesta que é, ela primeiro reconhece a receita publicada há décadas com a assinatura de uma grande autora de culinária, Geraldine Dillon. A sra. Dillon era o tipo de cozinheira que insistia para que se procurassem quaisquer sementes ou hastes nas passas e que se desmontassem os cachos de uvas sultanas e de groselha. De qualquer modo, em sua receita essas frutas vináceas são misturadas a amêndoas peladas picadas, uma maçã, meia laranja, especiarias variadas e noz-moscada, para criar o sabor básico. Evidentemente, os responsáveis costumeiros por dar consistência, crescimento e leveza ao pudim – farinha com fermento, pão amanhecido, açúcar, ovos e manteiga – são incluídos em abundância também. Mas é melhor dizer de uma vez por que a criação da Karen é melhor até do que a da sra. Dillon provavelmente foi em sua forma pura: Karen dispensa as cascas de laranja e de limão. Ela afirma que simplesmente não gosta e a omissão provavelmente aumenta a densidade das frutas. (Se você acha que não sou um astrofísico, também não sou nenhum especialista em horticultura.) A sra. Dillon aconselha a nunca usar farinha de rosca pronta e empacotada, e presumo que Karen concorda, já que ela produz a sua com um liquidificador e pães amanhecidos. O pudim Dillon-Karen vai ao fogo de quatro a seis horas, dependendo do tamanho da fôrma utilizada. Além disso, ainda vai em banho-maria por mais duas ou três horas antes de servir. Não preciso repetir o quão magistral ele é.

E, por fim, por que os pudins de ameixa não contêm ameixas? Procure na literatura especializada e encontrará Margaret Fulton se referindo a "pudim de ameixa ou de Natal", mas fornecendo a lista tradicional de ingredientes, sem ameixas. Meu antiqüíssimo *Green and Gold Cookery Book* cita duas receitas de leitores para "pudim de ameixa" e "pudim de ameixa de Natal", ambas destituídas da fruta. Surpreendentemente, apenas aquela terrível publicação anglofóbica, a *Larousse Gastronomique*, inclui ameixas – secas – na receita de pudim de Natal (e dedica ainda quase meia página de letras miúdas a um procedimento bastante tortuoso para o preparo do pudim, seguido de um lembrete descartável que afirma que "é muito fácil e simples preparar o pudim de ameixa").

087 linguiça fresca de carne de porco

Bom, estou trapaceando um pouco aqui. Embora anseie por fazer em casa minhas próprias linguiças suculentas de porco, ainda não adquiri o equipamento. Hei de fazê-lo, não se preocupe. Acontece que, no caso desta receita, você facilmente poderia me desbancar.

Gosto tanto de linguiças de verdade, frescas, que aprendi como fazê-las na cozinha de um restaurante – o La Luna (ver "Massa à marinara no La Luna"). O chef proprietário, Adrian Richardson, produz linguiças caseiras magníficas há anos – que vendem feito água, e deixam o La Luna em pequenos carregamentos a cada semana, seja dentro dos estômagos, seja em embalagens para viagem. Adrian ensinou-me todo o procedimento.

Preparamos dois tipos – uma de carne bovina e de porco, outra só de porco. Para a de carne bovina, ele usou sobras de cortes envelhecidos que ele retalha de carcaças armazenadas em sua câmara frigorífica. A carne de porco é fresquíssima e de um odor limpo e floral, porém característico. Ele utiliza carne do que chama de "barril" (peito e barriga) do animal. Pode vir a ser também do pescoço ou mesmo da perna. Contudo, há uma regra essencial: a proteína deve ser de alta qualidade. Quanto melhor a carne, melhor a linguiça. Já se foram os dias em que os açougueiros faziam linguiça a partir do que varriam do chão ao fim do expediente, com serragem e tudo. De qualquer modo, os nervos e as cartilagens dos bifes são cortados e a pele e as partes fibrosas da carne de porco são removidas. Tem-se então uma porção de cubos de carne, cada um com mais ou menos o tamanho de duas caixas de fósforo. Talvez o ingrediente mais importante seja uma quantidade suficiente de gordura: cerca de 10% da linguiça de carne mista é carne de porco gordurosa e em torno de um quinto do total da carne de porco é gordura. Hoje em dia, ele faz esses cálculos a olho.

Adrian diz que o conteúdo de umidade de uma linguiça fresca é vital. Ele acrescenta à mistura cogumelos assados que soltaram muito líquido e verifica se a umidade está boa antes de cortar a carne. Dificilmente se acerta na primeira tentativa de feitura de uma linguiça, diz ele. Mas por volta da terceira ou quarta, espera-se um resultado bastante satisfatório.

É essencial acrescentar a quantidade correta de sal, que, além de aumentar o sabor, exerce a função-chave de conservar a carne. Segundo Adrian, é fácil quando se tem uma calculadora: acrescente 1,2% do peso de sal à mistura. Ele não é muito minucioso quanto ao tipo de sal a usar e obviamente é possível fazer experiências. Esses foram apenas os princípios básicos da preparação. Adrian inclui ainda punhados de salsinha grosseiramente picada, tomilho e folhas grandes inteiras de sálvia fresca. Além das ervas, sementes de erva-doce vão nas linguiças de carne de porco, bem como pimenta-do-reino preta recém-moída e dentes de alho.

Outro ponto importante é agir com rapidez. Toda a carne sai direto da câmara frigorífica, cuja temperatura muito dificilmente se conseguiria alcançar em casa. Como é sabido, a proteína começa a coagular com o calor, então, se você trabalhar em temperatura baixa, a carne estará no melhor estado possível quando for cortada, algo que a aquece levemente. Há um mantra entoado pelos cozinheiros de linguiça: os três "ks" da feitura de linguiça são *kwick, klean e kold* (rápido, limpo e frio).

Pode-se usar um moedor manual ou comprar um elétrico sofisticado, o que pode lhe custar uns 100 dólares ou mais. Adrian, porém, recomenda que nos apaixonemos novamente por nossos açougueiros locais, e eu concordo plenamente. A maioria das casas de carne de hoje em dia são *outlets* varejistas de carnes preparadas em outro lugar. Não conte com elas – prefira um açougueiro autêntico; procure incansavelmente e encontrará um. Se reservar a ele suas compras de carne, ele gentilmente passará sua mistura para linguiça no moedor – bem pedaçuda, por favor – e ainda irá transformá-la em linguiças de verdade utilizando tripa de intestino. Tente em casa sem falta, lembrando que a prática leva à perfeição, mas você pode ter de praticar com ainda mais empenho em sua própria cozinha para fazer linguiças bem definidas.

Quando estiverem prontas, seque-as nas prateleiras da geladeira durante um dia inteiro antes de cozinhá-las ou conservá-las em porções no freezer. Para descongelar, simplesmente coloque-as em banho-maria e esfrie imediatamente sob água fria ou gelo.

É possível usá-las para um churrasco, é claro, mas se você optou por linguiças gordas – o que considero a maneira legítima de conseguir sucesso com linguiças –, pode ser que prefira fritá-las na manteiga numa frigideira que possa ser tampada. Quando já estiverem douradas, acrescente um pouco de caldo ou vinho – do convencional ou até mesmo vinho de arroz – e cozinhe com a frigideira tampada por cerca de 10 minutos em fogo baixo. Ah! O Paraíso!

DEZ PERFEIÇÕES

088 sal rosado do rio Murray

Existem sais e sais melhores, e o melhor que já provei – e isso inclui o *fleur de sel* cinzento da Bretanha – é do mais pálido tom rosado. Chama-se Murray River Gourmet Salt. (Eu não possuo ações da companhia nem sou pago para promover seus produtos.)

Esses minúsculos e frágeis flocos são quase viciadores. É preciso força de vontade para parar de consumi-los. Enquanto a maioria dos sais é bastante ardida ao paladar, como deve ser, irritando as glândulas salivares e provocando o desejo de enxaguar a boca, este produzido em Mildura produz uma curiosa completude e parece ter sido feito para ser comido sozinho.

Criada no início deste século, a companhia do rio Murray produzia sal apenas em escala industrial. Seus principais consumidores eram criadores de gado e proprietários de piscinas. No entanto, o diretor-gerente Duncan Thomson teve a idéia de tentar fazer um produto verdadeiramente gourmet de uma fonte facilmente acessível: aqüíferos subterrâneos a apenas alguns quilômetros da cidade, no noroeste de Victoria, na Austrália. Bombas captam água densamente salina até bacias naturais para evaporação. O sal resultante é recolhido e levado à fábrica da companhia, em Mildura. Lá ele é misturado a outras salmouras mineralizadas extraídas dos aqüíferos e passa por outro processo de evaporação e secagem para a produção do sabor e da coloração característicos do sal.

Tanto a receita quanto o processo, que levou dois anos para ser aperfeiçoado, são secretos, diz Duncan Thompson – mas ele revela que cálcio, potássio, magnésio e ferro são alguns dos elementos incluídos na mistura. Em resumo, trata-se de um coquetel de minerais naturais. Thompson poderia produzir versões e versões de qualquer um dos grandes gourmets, diz ele, mas por que fazê-lo quando é possível criar algo único? E ainda melhor.

089 um tomate cultivado em casa

É preciso convencer alguém quanto a este item? Acredito que provavelmente não. Pergunte a um jardineiro caseiro fanático o porquê de uma horta e ele lhe responderá que não se compram mais tomates de verdade hoje em dia. E não é que é verdade! Nem preciso dizer quão pavorosos são os tomates no varejo. Foram cultivados pela conveniência do capitalismo, se é que posso avermelhar um pouquinho. A pele firme e a polpa sólida foram selecionadas geneticamente e o sabor, que nos tomates significa madureza e, por conseguinte, suavidade, foi progressivamente eliminado (você pode ter também notado recentemente que alguns tomates são algo quadrados, para serem mais facilmente embalados e estocados). No fim dos anos 1980, me chamaram para experimentar um novo tomate criado em laboratório para reter consistência sem perder sabor. Era muito parecido com todos os outros das prateleiras dos supermercados. Eu não tinha a mínima idéia do que se passara na cabeça dos cientistas. Cheguei à conclusão de que nunca haviam comido um tomate de verdade na vida (assim como os burocratas da gastronomia em Canberra nunca comeram um pedaço de queijo de verdade). Não farei menção ao nome do tomate ou do laboratório, já que certamente devem ter falido. Em resumo, com exceção dos cultivados em casa, todos os outros tomates são, em grande parte, horríveis (alguns da variedade roma e minitomates são os melhores que se pode comprar). E por que continuamos a comprá-los? Porque alternativas orgânicas melhores são escassas, bem mais caras e, como acontece com a maioria das frutas e legumes hoje em dia, foi decidido que precisamos de tomate o ano inteiro. Os apreciadores da *slow food*[19] que adoram a sazonalidade de todas as coisas podem fazer coro.

---

19 - A filosofia do *slow food*, em contraposição ao *fast-food* prega o direito ao prazer da alimentação, utilizando produtos artesanais de qualidade especial, respeitando o meio ambiente e os responsáveis pela produção, os produtores. (N.E.)

Sendo assim, cultive-os, mas saiba que, dependendo de onde mora, isso em si já pode ser um desafio. Por exemplo, no sul da Austrália, onde vivo, há anos não há uma boa temporada de tomates: uma em cada quatro é aceitável, uma em cada dez rende safras fartas. Mas cada tomate vale o esforço de se preparar um bom solo, cultivar, fertilizar e podar as plantas conforme crescem. Este não é um livro sobre jardinagem e não vou nem resumir o que costumo fazer (além do mais, a julgar pela minha performance nos últimos anos, não seria um conselho lá muito bom mesmo), mas digo que sempre incluo pelo menos duas mudas daquilo que costumava ser chamado de "tomate-cereja". O *sweet bite* é uma boa variação, nunca costuma falhar. Acho que já plantei praticamente todas as espécies de tomates de tamanho grande existentes. Todas são razoáveis, mas sempre me surpreende a diferença de lucro ser tão pequena com o plantio das caras variedades F1. Por meio de minhas anotações sobre genética de meados dos anos 1960, constatei que os F1 foram os primeiros, mais fortes e melhores tomates híbridos – e são fracos em sabor. Há também uma nova variedade de *black Russian* de aparência repulsiva – tem a virulenta cor verde-acinzentada das frutas bichadas.

Plantados nos declives dos Andes, os primeiros tomates (chamados então de "maçãs douradas") eram amarelos. Por fazerem parte da família das solanáceas – como a beladona –, acreditava-se até bem recentemente que seriam venenosos, carcinógenos e simplesmente sem graça. Em seu livro *Food*, Waverley Root menciona um certo coronel Robert Johnson, que comeu um tomate cru em público, salvando o dia em 1840. E, é claro, também devemos agradecer aos italianos.

Quando os tomates dão certo, insisto em um único tipo, e apenas um, para o jardim de minha casa: o *grosse lisse*, a variedade "grossa e lisa", possivelmente de origem francesa. Deixe os tomates amadurecerem no pé. Faça o que for preciso para manter animais e pássaros longe deles. E então, quando vir um *grosse lisse* particularmente suculento, perfeito, grande e de um vermelho vivo, e seu coração saltar, ponha-se em meio às fileiras de maçãs do amor envenenadas (um outro nome antigo) – como o fez o Poderoso Chefão, deixe o sol aquecer seu pescoço nu, colha o tomate, limpe-o rapidamente com suas velhas e calejadas mãos de camponês suburbano e ataque-o ali mesmo.

Alguns salpicam sal nos tomates; outros, açúcar. Um plantador de tomates me disse certa vez que sua receita favorita com tomate fresco era simplesmente temperar fatias do fruto em torradas de pão preto e então saborear. Essa era sua idéia de Paraíso. Com um pouco de sorte concedida pelos deuses do clima, também pode vir a ser a sua.

090 ostras do Pacífico recém-abertas

Destaco as ostras do Pacífico como um dos últimos destinos gustativos que recomendo simplesmente porque elas superam todas as outras em suculência e tamanho. São um tipo de ostra épica ou criada por efeitos especiais, se comparada aos bivalves rococó nativos da costa do estado australiano de Nova Gales do Sul. Além do mais, a pesca de ostras de Nova Gales do Sul abusa desses maravilhosos moluscos desde que ela existe, ostensivamente por razões de saúde. As excelentes ostras de Sydney, as famosas *rock oysters*, são sujeitas a indignidades gastronômicas do começo ao fim. São abertas, enxaguadas em água corrente, irradiadas com luz ultravioleta, têm o tendão que as ligam à concha cortado, e assim morrem muito antes de serem comidas. E ainda por cima os espécimes submetidos a tal tratamento são chamados de "frescos"! Que piada! Nada poderia estar mais distante da verdade.

As ostras devem ser consumidas de uma só maneira, a meu zeloso ver: recém-abertas. E quero dizer realmente "recém"! Abertas o mais perto possível do consumo. De preferência, devem ser abertas por quem vai comê-las, dispensando-se um intermediário e os atrasos entre abertura e consumo. A ostra deve ser segurada na horizontal, para que os preciosos líquidos nos quais ela passou toda a vida não sejam derramados para fora da concha. Crave sua faca para ostra na dobra (ainda está em juízo o ponto por onde abrir uma ostra, mas acredito que a dobra seja a melhor opção). Partículas da concha devem ser removidas com um dedo; de maneira alguma com um utensílio metálico, que pode estragar o líquido. Finalmente, o tendão ou "pé" deve ser cortado com um garfo para ostra. A ostra e o líquido devem ser consumidos juntos – deguste. Simplesmente não há nada melhor; esta é uma das experiências transcendentes da gastronomia. Acrescente suco de limão ou vinagre de cebola por sua própria conta e risco; estará adulterando o animal e seu lar. É como colocar "tábuas" de metal como revestimento em uma casa velha. E não cozinhe as ostras.

Vários restaurantes fazem a coisa certa para com as nobres bivalves hoje em dia, mas a maioria deles ainda não. Levam embora seu lar, seu meio ambiente. Quando chega a hora de comê-la, a ostra está triste e enlutada. Os franceses comem ostra nos meses que têm a letra "r". De maio a agosto – no verão, grosso modo –, os moluscos estão cheios de ovos, leitosos e amolecidos. Na Austrália, nunca fomos tão enjoados. O inverno é a melhor época para comer as do Pacífico, especialmente se vierem das águas frias da Tasmânia – estarão magras, musculosas e cheias de sabor.

Das cerca de dez espécies criadas pelos aborígines (uma delas cresce na espetacularmente selvagem Península de Cobourg, a nordeste de Darwin), apenas a *rock* de Sydney (*Crassostrea commercialis*) foi cultivada. É um bivalve saboroso, mas infeliz em tamanho, propenso à contaminação microbial e geralmente mais maltratado que um moleque inglês de seis anos num internato. As ostras do Pacífico (*Crassostrea gigas*), amplamente cultivadas, são descendentes de dois carregamentos trazidos do Japão por navios em 1947 e 1948. Foram espalhadas em Albany, no oeste da

Austrália, e na Tasmânia, mas só proliferaram na costa desta, onde sua criação com fins lucrativos começou no início dos anos 1970. Por todas essas razões, as ostras mais saborosas são as nativas marrons achatadas (*Ostrea angasi*), difíceis de cultivar e quase extintas. Experimente-as... caso consiga encontrá-las.

Como se sabe, outros frutos do mar maravilhosos são ceifados das águas da Tasmânia. Até bem recentemente, vieiras eram criadas em gaiolas de malha plástica em formato de lanterna nestas que são umas das águas mais limpas, frias e puras do planeta. Pelo fato de terem morado a vida toda suspensas em águas extremamente profundas e não em seu habitat natural – o solo oceânico arenoso –, podiam ser comidas inteiras e até mesmo cruas, embora sua opulência tornasse isso um verdadeiro desafio. (Igualmente adocicados e fartos são os lóbulos de ova de ouriços-do-mar recém-abertos.) Questões econômicas fizeram com que esse método de cultivo de vieiras fosse descontinuado, mas vieiras da Tasmânia excelentes estão sendo pescadas em seu habitat natural e depois expurgadas de suas entranhas em terra antes da venda.

091 chocolate de verdade

As pessoas que acham que são chocólatras na verdade não o são. Aquilo em que são viciadas é gordura, sob a forma de manteiga de cacau e açúcar. O fato de o chocolate ser um dos alimentos mais deturpados que há é uma surpresa para muitos. É por isso que não gosto dos chamados "chocolates" – são simplesmente uma artimanha (um emburrecimento culinário, se preferir), inventada para tirar proveito dos bolsos e da inocência gastronômica da grande maioria das pessoas. Os confeiteiros deveriam escapar ilesos, mas não escapam porque o bom chocolate (o chocolate de verdade) é consideravelmente mais caro e, paradoxalmente, mais difícil de agradar aos não-iniciados. Possui o que certa vez chamei de "uma maravilhosa adstringência rascante". O verdadeiro chocolate é muito amargo, mas é de um sabor encorpado e singular, o qual se deve experimentar pelo menos uma vez.

Por que ele é tão diferente do chocolate comercializado em massa? Bem, apenas cerca da metade deste – e às vezes até menos – é composta por algum conteúdo de cacau fino. O que é vendido como chocolate é, na maior parte, açúcar, leite desnatado em pó, às vezes creme de leite em pó e outros aditivos. Para quem não gosta de chocolate ou já provou o autêntico, o chocolate produzido em massa é grosseiramente doce e nauseante.

Para fazer chocolate de verdade, é preciso comprar uma máquina chamada concha, que custa em média dezenas de milhares de dólares. Depois, é preciso importar as matérias-primas do chocolate – sementes de cacau e licor de cacau, que não é de forma alguma um líquido, mas blocos ou fragmentos sólidos negros feitos das sementes (amasse-os e terá manteiga de cacau e um resíduo de cacau em pó). As receitas para um chocolate excelente vêm de até 18 países diferentes. Por fim, deve-se ter algo de feiticeiro para mesclar os vários ingredientes da maneira certa na concha e fabricar um chocolate aceitável.

Um bom chocolate – que será bem escuro – é altamente ácido e geralmente composto de 70% a 99% de cacau. Assim como o café, deve ser forte e amargo. Não vou citar nomes próprios, mas é possível encontrar bom chocolate, procurando bem. Atente para uma coloração bem escura e, mais importante, para um alto conteúdo de cacau. Quanto mais, melhor.

092 biscoitos japoneses de arroz numa estação de *shinkansen*

Como se pode notar, este não é um livro sobre comida processada. Ainda assim, não pude resistir a acrescentar uma experiência gastronômica singular que envolve fábricas e maquinário. Após assaltar um banco de sua escolha (ou ter se tornado presidente do mesmo), voe imediatamente para o Japão e entre na fila entre as linhas amarelas da plataforma de uma estação de *shinkansen* (o trem-bala japonês).

Antes, porém, é bom comprar um lanche e por toda a estação é possível encontrar quiosques envidraçados vendendo todo tipo de petiscos e pacotes, lanchonetes com sushi e sashimi e até sanduíches em embalagens transparentes aparentemente caras. Assim, compre uma guloseima ou duas, se quiser, mas vá para a plataforma o quanto antes. Com exceção de automóveis, talvez, no Japão é possível comprar qualquer coisa nessas máquinas de frente envidraçada e cores chamativas, do tamanho de geladeiras. Tudo o que peço que faça é achar uma delas – o que não será difícil – e então, com uns poucos trocados de iene, comprar um pacote de biscoitos de arroz, redondos e finos como *wafer* (os *sembei*). Se bebês japoneses conseguem operar essas máquinas, você também consegue. O pacote será transparente e adornado com letras coloridas impressas. Os biscoitos provavelmente estarão envoltos por até três camadas de celofane e plástico de vários tipos e espessuras.

O trem-bala pelo qual você espera chegará mais ou menos um minuto antes de partir de novo. Você pode vir a ter o privilégio de assistir à troca de condutores, dois homens impecavelmente uniformizados saudando um ao outro com luvas brancas e atraindo para si a atenção da plataforma. Jogue um biscoito na boca. Maravilhe-se com a precisão do Japão, com o modo como o biscoito – cada biscoito do pacote, na verdade – tem a mesma textura adesiva e fantástica na boca, uma fragilidade inacreditavelmente transcendente e um sabor exótico assombroso, que pode vir da terra ou do mar – ou mesmo de produtos químicos.

Observe os funcionários da estação que conduzem rigorosamente as filas para dentro dos trens. Prove outro biscoito. Pela janela, fique com um olho nos funcionários e outro no ponteiro dos segundos de um dos relógios da plataforma. A cerca de 15 segundos da hora em que o trem deve sair, os funcionários, eretos como as traves de um gol, vão se virar de lado e erguer os braços horizontalmente, primeiro de um lado, paralelamente à plataforma, e depois de outro, em uníssono, as mãos com luvas brancas apontando, os rostos se virando acompanhando os braços, o olhar incisivo e as expressões solenes. E então, precisamente, exatamente e especificamente no 60º segundo do minuto em que o trem deve sair, você mal sentirá um pequeno deslize para a frente. Na verdade, é mais fácil vê-lo: a máquina na plataforma, na qual você comprou os biscoitos, começa a sair de cena pela esquerda – ou pela direita, conforme o caso. Dali a um minuto, o trem do qual você é passageiro estará se movendo bem rápido. Apenas alguns minutos depois, estará viajando como uma bala. Maravilhe-se com o Japão. Coma outro biscoito.

093 sashimi feito minutos após a pesca de seus ingredientes

De todos os conselhos deste livro, o desta seção deve ser considerado um pouco duvidoso. (O que não significa que os outros capítulos sejam inteiramente duvidosos.) Há tantos elementos no modo como os japoneses lidam com o peixe cru – sua arte, precisão e história – que seria sábio da parte do gastrônomo sensato ponderar cuidadosamente sobre como preparar sashimi.

Veja bem, o que quero dizer é curto e grosso – bastante pré-histórico, na verdade, mas ainda assim um deleite gastronômico: comer peixe cru apenas minutos, se não segundos depois de retirado da água. De preferência, pescado por você mesmo. Recomendo essa experiência particular por ter eu mesmo a vivenciado num barquinho decrépito ondulante nas ondas do mar do Timor. Estava em um grupo que havia saído de Darwin, na Austrália, por uns dois dias e entre nós havia um chef que levara wasabi (pasta de raiz-forte) e shoyu. Cozinhamos os peixes em nossa primeira noite no mar, mas depois de termos pescado uma quantidade enorme na manhã seguinte, decidimos fazer sashimi para o brunch. Há inúmeras espécies com barbatana no norte tropical da Austrália e havíamos pegado variedades tais como *coral trout* e *coral cod*, *red emperor*, carangídeos, atum e vermelho de vários tipos. Com uma faca afiada, o chef literalmente massacrou alguns deles e preparou – bem descuidadamente – um conjunto de sashimis disformes que haviam retido a temperatura morna do mar. Ele providenciou o wasabi e o shoyu e lá fomos nós.

Um chef de sashimi disse-me certa vez, com sua longa lâmina reluzindo, que o sabor do peixe servido é afetado pelo modo como se corta. A qualificação para se tornar um mestre de sashimi implica anos de treinamento, disse ele, e, sem esse conhecimento todo não se pode esperar que as pessoas salivem diante de suas fatias de peixe cru. Pensei nele quando pusemos nossos molinetes de lado e nos empanturramos com nossos pratos de sashimi. Os sabores eram completos e encorpados, os bocados cheios e agradavelmente mastigáveis. Mas, de algum modo, faltava a magnificência cintilante dos impecáveis cortes em losango de salmão ou atum frios servidos nos grandes restaurantes de sashimi. Por nenhuma razão científica conhecida, o chef de sashimi que me falou da importância da precisão no corte estava certo, é claro (ele ainda frisou que podia arruinar os pedaços de peixe caso falhasse ao atravessá-los com a faca em um único e suave golpe de cada vez).

Geralmente não é conhecido que o sushi básico – peixe cru com arroz japonês e wasabi – tem origens completamente diferentes do sashimi. Na verdade, as fatias finas de peixe fresco acompanham o saquê como um prelúdio à refeição numa casa de sushi – o sashimi é um petisco de entrada. O sushi, por outro lado, surgiu não porque os japoneses queriam comer peixe cru, mas porque era necessário preservar a pesca. Os chineses já conservavam peixe salgado no arroz desde o século II; algumas tribos sul-asiáticas o faziam há mais tempo ainda. Boa idéia, pensaram os japoneses, seguindo-a cerca de 500 anos depois dos chineses.

O processo é bastante simples, mas os japoneses o modificaram levemente, pressionando o peixe salgado debaixo de uma pedra e deixando-o ali por até três anos. Não se sabe como surgiu essa idéia, mas suspeito que se acreditava que a pressão aceleraria a salga. Sempre que os peixes eram removidos para o consumo, o arroz em torno deles era descartado. No século XV, o tempo de fermentação foi drasticamente reduzido para um mês e o arroz passou a ser comido também.

Dosar o arroz com vinagre reforçou ainda mais o elo entre o peixe fermentado e seu meio de preservação (o arroz), além de reduzir o tempo de salga. Já no século XVII, colocava-se uma pedra pesada sobre os peixes salgados em cima de bolas de arroz com vinagre e o período de salga era do dia para a noite, ou não mais do que um dia, o que levou ao nascimento do sushi moderno. No começo do século XVIII, o peso das pedras foi substituído pelo das mãos e a noção de conservação foi completamente deixada de lado – passou-se a usar os peixes crus o mais frescos possível.

O que me intriga é por que os japoneses, ao longo dos séculos, trocaram um método de conservação por uma apreciação gastronômica mais fresca e crua do peixe. A resposta é insondável, é verdade. Talvez um aumento da população e um número menor de pesca por cabeça (pelo menos até a chegada das indústrias de peixe flutuantes) tenham significado menos peixes para conservar. Porém, gosto de pensar que apenas a simples apreciação gustativa impeliu a mudança na dieta.

094 caviar

Um amigo meu foi um dia controlador do terminal remoto de uma companhia aérea asiática. O tráfego de chegadas e partidas era relativamente pequeno, mas a companhia mantinha as aparências, é claro, configurando cada avião como de costume, nas classes primeira, executiva e desesperada. Embora chegasse, por semana, menos de meia dúzia de passageiros das classes superiores, a cozinha na parte frontal da aeronave era abastecida regularmente com os almoços empacotados típicos dos ricos e famosos – champanhe e caviar. Fornecido em pequenos potes por uma respeitada empresa iraniana, o caviar era de excelente esturjão-branco do mar Cáspio; o melhor que o dinheiro podia comprar. O champanhe, Dom. E meu amigo ali, só beliscando. Quase nenhum dos poucos passageiros se servia; alguns por motivos religiosos, temendo o prazer quase tanto quanto os metodistas costumam temer. E aqueles tesouros seriam desperdiçados – provavelmente jogados fora, passado o prazo de validade, no caso das jarras de caviar. Assim, ele (e eventualmente seus amigos) simplesmente dava uma mão à companhia aérea, por assim dizer. Tenho lembranças muito boas de ouvir pequenos silvos, beijos gastronômicos, emanando dos potes de caviar de esturjão-branco recém-abertos. Relaxávamos, geralmente cada um com um pote e virando uma ou duas garrafas de Dom.

Coma o caviar sem acrescentar nada. Não sucumba à idéia sem sentido de que cebola picada, ovo cozido picado ou, Deus me livre, bolachas de água e sal ou torrada combinariam com estas régias ovas de peixe. Ingredientes são forçados no caviar – ou melhor, o caviar é forçado neles – para fazê-lo durar mais. Encontre sua própria companhia aérea, roube seus próprios potes e não terá de se preocupar com mesquinharias. E deve-se usar uma colher feita de osso, chifre ou madeira para tirar o caviar do pote. Segundos após ter colocado metal em contato com o caviar, notam-se desagradáveis gosto e odor de peixe.

De salinidade mediana, o caviar – as ovas de cor predominantemente acinzentada de várias espécies de esturjão, peixe de 250 milhões de anos de idade e por aqui desde a era dos dinossauros – é simplesmente um dos maiores e melhores alimentos existentes. As ovas agarram-se umas às outras como ovos de sapo e possuem uma consistência viscosa e oleosa. Elas são quebradas com um pouco de pressão da língua, liberando um orgasmo de caldo de peixe salgado.

O esturjão-branco é considerado o melhor, em virtude de seu tamanho relativamente grande e da coloração de cinza-clara a ardósia. É originado de um peixe chamado Huso huso, o que também pode ser um de seus atrativos. O caviar osetra, mais barato, originado do *Acipenser gueldenstaedti* é, a meu ver, um prato mais interessante, por seu aroma de noz e coloração que vai de marrom-escura a dourada. Sevruga, o menor e mais conhecido caviar, é geralmente preto com tons de verde-escuro e provém do *Acipenser stellatus*.

O caviar já foi proibido na Austrália, mas agora está de volta às prateleiras. Entretanto, seu comércio e conservação são minados por gângsteres e comerciantes do mercado negro, que operam nos locais de pesca. Seus dias estão contados.

095 lichia fresca

Gostaria de ter feito anotações. Lá estava eu, viajando pelos cafundós do arquipélago da Nova Caledônia, situado na Oceania (acredite se quiser, a ilha principal da Nova Caledônia possui áreas selvagens significantemente miseráveis, secas e pouco atraentes) quando cheguei, com um fotógrafo, a um minúsculo vilarejo. Esse lugar, logo descobri, cultivava uma das maiores emoções gastronômicas que se pode ter na vida, algo tão licencioso, tão libidinosamente lascivo que senti um remorso terrível assim que comecei a comê-lo. Minha formação metodista latente e muito da caduca me cutucavam impiedosamente. Excitando-me diante do que Freud chamaria – pelo menos entre suas pacientes mulheres – de "histeria", eram as lichias frescas.

Não é à toa que as palavras "licencioso" e "lichia" estão próximas no dicionário. Essas frutas são fastidiosamente belas. Sua árvore também. Lá estava uma família de nativos, conhecidos como kanaks, toda sorrisos sujos e roupas coloridas, subindo em escadas mambembes e se equilibrando em caixas para conseguir arrancar galhos grandes carregados de frutos de uma sempre-viva enorme e bela. Se gostaríamos de provar? É claro, e compramos sacos cheios por um preço ridiculamente baixo.

Na noite seguinte, seguiu-se um momento memorável, quando compartilhei minha horda de lichias com uma deslumbrante jovem de Sydney. Ela havia vencido um concurso de beleza e o prêmio fora uma viagem à Nova Caledônia para duas pessoas. Sua acompanhante era uma amiga igualmente instigante. Deixamos as lichias escorrerem por nossos queixos por quase duas horas, devorando-as vigorosamente, e as garotas estonteantes ali. Quanto mais comíamos, mais frutífera se tornava nossa conversa. No fim das contas, tive de mandar aquelas duas mulheres maravilhosas embora, sabe como é. Precaução é tudo.

Se você nunca provou uma lichia (*Licthi chinensis*) fresca, entrarei em todo tipo de discussão para tentar explicar o que é. São esféricas, do tamanho de mais ou menos três quartos de uma bola de *squash* e sua casca é marrom, áspera e frágil. As lichias têm de ser comidas frescas, porque só então a casca estará tão frágil que praticamente se estilhaça feito porcelana, e o fruto interior gelatinoso e transparente estará transbordando de sumo. Há uma única semente, que se cospe antes de partir para a próxima lichia. Recentemente, comi em 26 restaurantes em Hong Kong, na China, em dez dias. Meus cafés-da-manhã consistiram única e exclusivamente de lichias frescas no quarto do hotel. Algumas pessoas as utilizam para cozinhar. Não faz sentido. Se você gosta de alimentos obscenos, coma as lichias como a natureza as concebeu.

096 queijos de leite cru

Comparar um grande queijo de leite cru (não pasteurizado) francês com os maiores esforços para coalhar leite na Austrália é como tentar encontrar similaridades entre a música de Bach e a buzina do carro de um baderneiro. Em suma, não há comparação. Não deixe que ninguém se safe quando disser a você que os queijos australianos são ótimos, bons ou da melhor qualidade internacional. Não são. Com exceção de alguns exemplos frescos, que geralmente têm apenas alguns dias de idade e são derivados de leite de cabra, todos são terríveis. Eles podem parecer mais ou menos com queijo verdadeiro, mas têm quase nenhum sabor perto dos melhores queijos e nem de longe possuem as complexidades de sabor adquiridas quando se utiliza leite cru, recém-ordenhado. (A Austrália também sofre com uma falta de variedade nas combinações de solo, clima, raças de animais e alimentação necessária para chegar à diversidade e à qualidade dos melhores queijos europeus.) De acordo com uma lei simplesmente ridícula, os fabricantes de queijo australianos devem pasteurizar o leite antes de produzir o queijo. Conseqüentemente, seus esforços são bem ordinários. (E ainda ganham campeonatos nos Estados Unidos! Sabe aquela grande nação de gourmets que nos deu o McDonald's e a Coca-Cola? Nenhum produtor de queijo francês que se respeite entraria numa competição americana em Wisconsin, para começo de conversa.)

É por isso que você deve (esta é uma experiência essencial, imperdível) provar um prato de ótimos queijos de leite cru antes de bater as botas. Minha principal razão gastronômica para visitar a França sempre será comer queijo de verdade. No prato deve haver, no mínimo, um camembert, um brie de Meaux, um *pont l'evêque* e um roquefort (cito esses quatro, mas há muitos queijos de leite cru franceses e italianos sublimes, que você tem de experimentar). Deve-se apreciá-los com pão crocante simples

– e não invenções variadas ou com nozes, frutas secas ou talos de aipo. Para aproveitá-los ao máximo, beba água mineral pura entre os bocados e não vinho tinto forte. Você perceberá que um grande queijo de leite cru o leva a um outro universo gastronômico, onde as texturas são suaves e untuosas e os sabores são ricos, encorpados, complexos e dizem muito sobre a fazenda de onde vieram. Não estou falando de sabores fortes e intragáveis; estes são sabores pelos quais qualquer um com absolutamente o mínimo de sensibilidade gustativa se apaixona imediatamente. Esses queijos não têm cheiro forte.

Na Austrália, praticamente não podemos provar nenhum queijo de leite cru – e certamente os melhores, entre estes –, pois são confiscados. Pouquíssimas pessoas tentam driblar as regras. Acontece que estamos diante de políticos complacentes, burocratas que não estão nem aí, que obviamente protegem suas sinecuras, e uma indústria de laticínios dominada por interesses financeiros imensos e por produtores de leite preguiçosos. Nenhuma dessas pessoas é um gastrônomo de respeito, que se disponha a enriquecer a vida dos australianos comuns. (Não estou exagerando; comer queijo de leite cru enriquece consideravelmente a vida. É uma das razões por que os franceses, em sua maioria, não emigram.) Não, essas pessoas sabem que para produzir queijo de leite cru na Austrália seria necessário implantar o rigor, a ordem e os protocolos de saúde que são comuns na indústria queijeira francesa. Isso tomaria tempo, esforços e dinheiro. Do ponto de vista deles, o *status quo* é bem mais confortável e muito mais barato. E se há reclamações, eles podem simplesmente perpetuar a mentira de que o queijo que produzem é maravilhoso, sabendo que pouquíssimos de seus compatriotas possuem conhecimento para desmascarar sua lorota. É um caso clássico de ganância, letargia presunçosa e deixa-disso australianos. Se as empresas australianas tentassem vender seus produtos na França, seriam ridicularizadas (e isso também vale para o queijo).

Will Studd, atualmente um importador de queijo que trabalha sob restrições, e Richard Thomas, um produtor de queijo, são dois homens que podem mudar as coisas – e começaram a mudá-las nos anos 1980. Mas foram marginalizados. Nos primórdios da produção de queijo em pequena escala na Austrália, Will auxiliou no estabelecimento de fábricas de queijo artesanais. Richard, um perfeccionista, está totalmente impedido de praticar sua arte. Will travou uma valorosa batalha contra a Food Safety Australia New Zealand (FSANZ) quando tentou importar um lote de roquefort autêntico, que é considerado favorito ao redor do mundo e feito de leite de ovelha não pasteurizado. O carregamento chegou à Austrália, mas foi mantido em quarentena por muitos meses no depósito de Will. No fim das contas, as autoridades determinaram que ele jogasse o roquefort num aterro de subúrbio.

E os burocratas mesquinhos da saúde pública e da indústria de laticínios, que nunca reconheceram as complexidades brilhantes dos queijos de verdade, se comparados às imitações baratas australianas, dão as ordens por todo lado. Não só os queijos de leite cru estão banidos, como a FSANZ também está tentando estender a proibição aos queijos importados. A Australian Specialist Cheesemaker Association, fundada em 1996 com o propósito de promover a fabricação de queijos de leite cru, hoje não tem interesse nenhum em utilizar leite não pasteurizado. A politicagem por trás disso tudo é bizantina e os interesses velados são imensos. Os boatos alarmantes quanto aos perigos dos patógenos no leite não pasteurizado são a alavanca reclamada por aqueles que se beneficiam do *status quo*. (Eles podem se reproduzir facilmente em leite pasteurizado também.) Ainda assim, proibir queijos de leite cru por razões de segurança faz menos sentido do que proibir hipismo, corridas automobilísticas ou anestésicos, todos muito mais perigosos (na verdade, hoje em dia, sair de casa é uma empreitada bem mais perigosa do que comer um queijo camembert inteiro).

Enquanto isso, os australianos que amam o queijo de verdade e conseguem enxergar o enorme potencial para uma indústria apropriada de queijos na Austrália, saem perdendo. E o país também. Insisto que, em sua próxima viagem à Europa, não deixe de provar um ótimo queijo de leite cru. Procure pelas palavras *lait cru* nas etiquetas ou simplesmente as diga para quem estiver atrás do balcão de laticínios nas lojas de queijos ou mercados. De um modo ou de outro, se ainda não os provou, ficará embasbacado com tais alimentos sublimes. E o corolário é: nunca compre queijos chiques na Austrália. São abaixo da média – e de preço excessivo.

097 uma manga madura – a quarta metade

Tenho uma amiga que, durante a juventude, morou na região de Far North Queensland. Garota de fazenda e ex-Miss alguma coisa ou outra, era capaz de fazer coisas maravilhosas com arame. E biquínis. Certa noite fria e cinzenta em Londres, muitas décadas atrás, sem motivo aparente, ela disse que sentia falta das mangas. Nunca estava sem um traje de banho quando era época dessa fruta, continuou ela. Era uma pena, num dia quente de sol, não se bronzear um pouco e dar um mergulho (naquele tempo as garotas realmente usavam algo ao se deitar na praia).

Mangas maduras estatelavam-se por todo lado em Far North Queensland, disse ela, voltando à sua narrativa (e seu saquinho cheio de feijões) como uma versão feminina de Marlow. Ela costumava pegar um par, partir cada manga ao meio cuidadosamente, comer as frutas e então moldar um biquíni com três das meias cascas e alguns comprimentos de arame. Aqueles biquínis não eram para nadar, disse ela por trás de sua latinha de Foster's, os olhos castanhos brilhando e a minissaia exibindo pernas, coxas e uma calcinha azul-bebê. Mas quando garotas estilosas emergiam nuas do mar azul-turquesa, vestiam seus biquínis de casca de manga para uma deitadinha rápida. Minha mente correu a visualizar uma deitadinha rápida, mas lutei para trazê-la de volta às mangas... tentando não pensar nas formas delas, é claro.

"O que você fazia com a quarta metade?", perguntei inocentemente. Um aquecedor de duas barras resplandecia inutilmente e ambos sabíamos que não tínhamos mais moedas. Porém, como se tivesse todo o tempo do mundo, ela iniciou uma narrativa chocante e a temperatura do quarto subiu sozinha.

Mangas e mais nada. Apenas descascadas e comidas. Uma manga madura. Há alguma coisa mais deliciosa do que isso? Provavelmente não. Certamente nada que eu consiga imaginar dentro da categoria.

Eu já comia mangas havia muitos anos antes de me ensinarem o engenhoso método de chegar até elas sem ceder ao escorregadio processo de descascá-las. Para tanto, deve-se dividi-las em duas verticalmente, cortando o mais próximo possível da semente ovóide achatada, para então contornar a polpa e pressionar cada uma das metades para fora. A fruta salta em convenientes cubos que podem ser facilmente separados da casca.

Quem pensaria, por sinal, que haveria uma espécie de manga chamada Kensington Pride (orgulho de Kensington)? Um novo tipo de gaivotas urbanas com esse nome, talvez. Mas uma manga? Aparentemente, ela é espetacular e com um pouco de sorte você será capaz de encontrá-la na barraca de feira de sua preferência. Mas algumas outras variedades de manga são ainda mais estranhas. Uma se chama "morango" (sim, morango; "manga-morango" não é um coquetel de frutas) e outra coração-de-boi. E há ainda a R2E2, que não desliza pelo chão nem fala engraçado.

Mas voltemos à história da minha amiga. Ela praticamente fez sexo com as mangas. E a única coisa que os nomes acima não sugerem é como as mangas podem ser parceiros sexuais tão terrível e fastidiosamente devassos. Depois de anos comendo-as, despindo-as de seus trajes de couro (perdão, quis dizer cascas) e fazendo coisas incríveis com a minha língua por todo o seu corpo viscoso (perdão, vou refazer a frase – pensando bem, não vou, não), ainda estou intrigado por elas não figurarem em *strip-teases* e em pornografia na internet (naturalmente, minha familiaridade com tais coisas é limitada).

Coma-as como quiser, é claro, mas acho – sei, na verdade, graças à minha amiga – que as mangas poderiam ser estrelas sadomasoquistas em feiras eróticas. De fato, são um apetrecho mais útil para as mulheres do que para os homens. O difícil era ter uma pegada firme, disse-me minha amiga naquela fria noite londrina. Estive prestes a balbuciar qualquer coisa sobre fazer uma manivela com arame, mas pensei duas vezes.

098 *charcuterie*

Viajando pela Córsega, em nossa lua-de-mel, muitos anos atrás, Dominique e eu cometemos o penoso erro de fartar-nos em demasia de *charcuterie* – nome genérico para presuntos e salames e outros derivados suínos embutidos. Os recém-casados haviam parado para o almoço num pequeno vilarejo nas colinas altas e íngremes do meio da ilha. Era abril, bem antes de qualquer turista chegar (daqueles que chegavam, é claro, numa época em que a Córsega era bem menos popular e bem mais criminosa). Éramos os únicos clientes do café e literalmente dissemos ao dono: "Alimente-nos!". E foi o que ele fez.

Uma grossa travessa de carvalho foi providenciada. Nela, fatias de vários tipos de salame; dois patês, um no gordo estilo camponês; e a carne de três pernis de presunto de três porcos diferentes (um deles selvagem, se não me engano) conservados por períodos diferentes. Os salames e presuntos corsos são bem conhecidos por seus sabores encorpados e bucólicos, supostamente provindos das ervas nativas robustas, rijas e bastante aromáticas da ilha – em especial uma variedade de hortelã –, chamadas coletivamente de *maquis*. Disseram-nos os nomes das iguarias que consumiríamos (*lonzu*, *coppa* e *prizutto*), mas, antes que o *patron* terminasse, eu já estava me jogando sobre elas, empanturrando-me em sua opulência suína, gordurosa e herbácea. Acompanhavam a *charcuterie* pão seco e rústico e manteiga local sem sal.

Fomos deixados a sós em nosso idílio gastronômico por cerca de meia hora antes que começássemos a pensar que a enorme travessa de *charcuterie* provavelmente constituía a refeição toda. Então nos deliciamos um pouco mais, minha fraqueza diante de tal tentação sendo bem maior do que a de minha esposa Dominique.

Não muito depois, porém, uma frigideira estalante do tamanho da tampa de uma lata de lixo foi trazida à mesa. Nela havia truta, disse o *patron*, que havia sido apanhada pelos garotos locais naquela manhã, no córrego no vale abaixo do vilarejo, o que me deixou sem fala. De tamanhos variando do de sardinhas grandes até a largura de um prato raso, 26 peixes fritos na manteiga nos aguardavam. Comemos o lote com cunhas de limão, sal e pimenta.

Minha lembrança do prato principal é indistinta. Olhando para trás, sinto que pode ter sido o lombo assado de algum animal local, possivelmente um bode que vagara por longas distâncias, comendo *maquis* em seu caminho. Em seguida, devem ter sido servidos maravilhosos queijos de leite cru.

Recordo-me, porém, da sobremesa, pois nos perguntaram se agüentaríamos comê-la. Bananas fritas, disse o *patron*. Dissemos timidamente que experimentaríamos. Surgiu diante de nós uma pilha de pedaços de banana recém-fritos, cobertos por talvez alguns quilos de açúcar. Fomos capazes de mordiscar um só cada e fomos forçados a levar um saco plástico cheio deles para viagem. Eu mal podia andar, mas consegui chegar paulatinamente a nosso carro alugado. Seis horas depois, porém, já estava pronto para comer novamente, tal é a capacidade digestiva da juventude. E comecei por *charcuterie*.

A *charcuterie* corsa não foi a primeira que provei; já tinha engolfado terrinas e patês desde que havia morado na França. Mas parte do mistério e reverência que os franceses têm para com os derivados do porco é inseparável da figura de meu cunhado Pierre, sussurrando admirado, certa vez, que estávamos prestes a comer *pâté en croûte* – patê numa crosta de pão. Estava ótimo e adorei, mas não era nada além do que podemos chamar de um rolinho de salsicha.

A *charcuterie* é terrivelmente generosa e salames e presuntos excelentes são fabricados onipresentemente por grandes produtores e entusiastas de quintal. Acredito que haja mais variações de qualidade de presuntos do que de salames. Seja exigente. Devo dizer que o melhor *prosciutto* que já comi foi feito pelo Steve, sogro do meu filho do meio, em seu quintal. Talvez seja o ar nos subúrbios ao norte de Melbourne, mas seus salames e presuntos curam na beirada de um armário próprio para isso. São sublimes. Ele acredita que dá muito trabalho fazê-los e, se não for cuidadoso, você pode perder um pernil de presunto a um custo considerável, mesmo se dividir entre parentes a compra e abate do porco – como faz Steve.

Por fim, para uma iguaria transcendental, você deve experimentar o presunto serrano da Espanha (ver "Museo del Jamón").

099 a dama de cor-de-rosa

Dizem que ainda é possível comprá-las, mas seria uma busca e tanto. As maçãs *snow* foram as frutas mais memoráveis da minha infância. E não tanto por serem particularmente doces e terem sabor pleno, mas pelo branco ofuscante de sua polpa quando mordida. Nos barracões e sob as aroeiras-salsa da Austrália, uma nação de crianças piscava os olhos ofuscados pelas maçãs (as crianças não usavam óculos escuros naquela época). Havia outras variedades de maçã, como *gravensteins*, *romas* e as *cox's orange pippins*, mas não havia nenhuma fruta mais sensacional do que a *snow*. Não havia ostentação maior da que tirá-la de um saco de papel pardo.

Apenas uma variedade de maçã me impressionou tanto quanto. Além disso, é uma variedade só comercializada bem recentemente. Chama-se Pink Lady. Estritamente falando, o nome deveria ser seguido de uma marca registrada, pois pertence à Apple and Pear Australia Limited e está conquistando o mundo. As Pink Ladies são maçãs magníficas. Isso não só por serem extremamente saborosas, mas também porque apresentam um equilíbrio exemplar entre doçura e adstringência. Os consumidores foram arrebatados por elas; possuem sabor forte, são aromáticas e até "efervescentes", dizem alguns. São uma marca de maçã com site próprio (que, por sinal, diz que as maçãs Pink Lady significam "diversão, boa forma e flerte"). As Pink Ladies até patrocinaram quatro atletas numa tentativa de bater um recorde mundial de travessia do Atlântico de oeste a leste num barco a remo. (Infelizmente, o barco quebrou a poucas centenas de quilômetros da chegada.)

Ainda que a exportação australiana de maçãs Pink Lady esteja crescendo abruptamente, outros países – principalmente os Estados Unidos, Chile e África do Sul – estão entrando em cena. Veja bem, "Pink Lady" é apenas um nome fantasia, e qualquer um pode comprar uma muda de macieira que dê maçãs *cripps pink*, que são exatamente a mesma coisa. A Austrália é dona apenas do nome Pink Lady, que designa maçãs *cripps pink* classificadas segundo determinados critérios da mais alta qualidade (devem, por exemplo, possuir o marcante rubor da Pink Lady em pelo menos 40% de sua área total). A *cripps pink* em si é totalmente australiana, uma espécie de maçã criada em 1973 na Stoneville Research Station, no oeste da Austrália, por John Cripps a partir do cruzamento de *golden delicious* e *lady williams*.

As Pink Ladies têm um futuro imenso pela frente. A Austrália continuará a ganhar com seus royalties, mas tenha certeza de que a maior parte do lucro global da própria maçã e das *cripps pink* deixou o país.

100 fugu cru

Das cem experiências gastronômicas recomendadas neste livro, esta é a que se deve fazer por último, por uma simples razão: o fugu, especialmente seus órgãos internos, pode matar. Ainda assim, entra ano, sai ano e centenas de gourmets japoneses arriscam suas vidas com um peixe feio e de narinas arrebitadas que infla quando provocado. O fugu é uma das muitas espécies mundiais relacionadas variavelmente conhecidas como peixe-balão, baiacu ou peixe-ouriço (devido aos espinhos eriçados das escamas). É possível ver parentes do lendário peixe fugu japonês, inflados e mortos, em praias por toda a Austrália. Lembro-me de que os *toadies*, comuns dos charcos, de formato semelhante ao do fugu, porém bem menores, eram considerados venenosos e, portanto, não comestíveis.

A preparação do fugu deve ser extremamente cuidadosa e feita em restaurantes especializados, pois o peixe carrega um veneno nervoso, a tetrodoxina, que mesmo em pequena quantidade já é capaz de matar (li que um fugu grande contém veneno suficiente para matar cerca de 30 seres humanos). No fugu, o veneno se concentra no fígado e em outros órgãos internos, cuja venda é proibida. Contudo, fatias finíssimas de carne de fugu são servidas a preços extravagantes. Aparentemente eles possuem sabor insípido, textura mastigável e podem adormecer bastante os lábios.

Digo "aparentemente", porque não provei fugu e provavelmente não provarei. Compreensivelmente, você vai me superar caso o faça. Acredito que jamais arriscaria minha vida por um peixe, porque já fiz isso uma vez. Inadvertidamente, é claro.

Um outro crítico gastronômico pediu-me que o acompanhasse, alguns anos atrás, a um restaurante francês em Melbourne. Para o prato principal, escolhi o que estava relacionado como filé de "atum-amarelo" ao molho de "champanhe". Ao chegar, o corte de peixe era relativamente fino e de bom tamanho. A carne era branca, com exceção de músculos escuros em torno da coluna vertebral. Cerca de um minuto depois de provar da carne escura próxima ao osso, senti meus lábios formigarem. Não querendo criar um alvoroço, comentei o fato apenas de passagem com meu colega e comi mais um pouco. Ele pensou que a sensação de formigamento poderia ter sido causada pelo "champanhe" no molho!

Dali a minutos, senti muito calor, comecei a suar e a ficar ansioso. Tive dificuldade para respirar e minha freqüência cardíaca se acelerou. Meus lábios não formigavam mais; estavam dormentes. De fato, a sensação que eu tinha na minha mandíbula estava rapidamente se aproximando da que se tem após tomar uma injeção de anestesia no dentista. Perguntei a meu colega se eu estava vermelho. Não apenas vermelho, respondeu ele, mas escarlate. E eu inchara – como um peixe-balão, diga-se – várias vezes o meu tamanho.

Corremos de volta para o jornal onde ambos trabalhávamos e passei a tarde na enfermaria. A intervalos, tomei quatro comprimidos receitados como antídoto para a toxina ciguatera, que é desenvolvida em certas épocas do ano por peixes pelágicos (geralmente da família do atum e da cavala) que se alimentam de corais. Se você for muito azarado, esses grandes petisqueiros marinhos passarão a ciguatera para a frente. O capitão Cook perdeu muitos homens por terem ingerido ciguatera de cavalas. Meus olhos se tornaram fendas, cada centímetro quadrado do meu corpo estava vermelho, arquejei a tarde toda e minha freqüência cardíaca estava em torno de 200. Fui mandado para casa de táxi várias horas depois e levei mais de uma semana para me recuperar.

Conte-me como é o fugu.

AGRADECIMENTOS

Meu muito obrigado se dirige primeiro à minha agente Margaret Gee, que teve a idéia deste livro. Depois, minha gratidão vai para toda a equipe da Murdoch Books, liderada pela gerente Juliet Rogers, que literalmente pulou em cima do livro. Eles não sabiam quase nada a meu respeito, mas confiaram em mim a ponto de me deixar escrever o que eu quisesse e da forma como melhor entendesse. Por fim, também devo agradecer a Anouska Jones, que trabalhou com prazos bastante apertados para afiar as minhas palavras.

BIBLIOGRAFIA

BOCUSE, Paul. *Le Gibier.* Paris: Flammarion, 1973.
BRUNNING, Leslie H. *The Australian Gardner.* Melbourne: Robertson & Mullens Ltd., 1942.
CLOSS, Amanda. *Tastes of the Channel Isles.* Ampersand Press, 1983.
DONNINI, Tiberio. *Pasta.* Melbourne: Thomas Nelson, 1984.
DOWNES, Stephen. *Advanced Australian Fare.* Sydney: Allen & Unwin, 2002.
FULTON, Margaret. *Encyclopedia of Food & Cookery.* Sydney: Octopus Books, 1984.
Green and Gold Cookery Book. Adelaide: Combined Congretional and Baptist Churches of South Australia, c.1940
HOPKINS, Jerry. *Strange Foods.* Hong Kong: Periplus, 1999.
Larousse Gastronomique. Londres: Hamlyn, 1976.
MICHEL, Albin. *Les Recettes Secrètes des Meilleurs Restaurants de France.* Paris: Albin Michel, 1972.
ROOT, Waverley. *Food.* Nova York: Simon & Schuster, 1980.
SIMPSON, Ken; DAY, Nicolas. *The Birds of Australia.* Melbourne: Lloyd O'Neil, 1984.
SYMONS, Michael. *One Continuous Picnic.* Adelaide: Duck Press, 1982.

Este livro foi impresso pela Prol Editora Gráfica
para a Editora Prumo Ltda.